BIRGIT ORTMÜLLER (HG.) • Dennoch ist Hoffnung

BIRGIT ORTMÜLLER (HG.)

Dennoch ist Hoffnung

Kleine Ermutigungen,
die das Leben schrieb

 neukirchener

Bibliografische Information der Deutschen Nationalbibliothek:
Die Deutsche Nationalbibliothek verzeichnet diese Publikation in der Deutschen
Nationalbibliografie; detaillierte bibliografische Daten sind im Internet über
http://dnb.d-nb.de abrufbar.

© 2022 Neukirchener Verlagsgesellschaft mbH, Neukirchen-Vluyn
Alle Rechte vorbehalten.
Umschlaggestaltung: Kristina Dittert, FreiSinn, Essen
unter Verwendung eines Bildes von
© kore kei – stock.adobe.com; © JK-Design – stock.adobe.com
Lektorat: Sarah Müller, München
Verwendete Schriften: Scala
DTP: Magdalene Krumbeck, Wuppertal
Gesamtherstellung: GGP Media GmbH, Pößneck
Printed in Germany
ISBN 978-3-7615-6856-9 (Print)
ISBN 978-3-7615-6857-6 (E-Book)

www.neukirchener-verlage.de

Inhalt

Vorwort

In der Wohnung meiner Großeltern stand ein kleiner Holzschriftzug mit dem Wort *Dennoch*. Damit konnte ich in meiner Kinder- und Jugendzeit wenig anfangen. Dieses Wort bedeutete mir nicht viel und schön fand ich dieses Holzteil auch nicht. Im Laufe der Zeit verschwand es im Keller. Nach Jahren hat mein Vater diesen Schriftzug wieder im Wohnzimmer aufgestellt. Je mehr ich ihn betrachtete, umso intensiver wurde mir die tiefe Bedeutung dieses einen Wortes bewusst und so manches Dennoch in meinem Leben wurde lebendig.

Ich durfte viele Gespräche zum Thema *Dennoch* führen. Sie waren berührend, nachdenklich, ehrlich und offen. Fortan ließ mich der Gedanke an ein Ermutigungsbuch, gefüllt mit Dennoch-Geschichten aus dem Leben, nicht mehr los.

So sind nun 52 hoffnungsvolle Texte zusammengekommen. Wer mag, hat für jede Woche im Jahr einen. Jedes Dennoch ist einzigartig. Es können schöne, aber auch traurige Ereignisse damit verbunden sein. Die Geschichten erzählen von Aufbruch und Neuanfang, von den Umwegen des Lebens und Glaubens und vom Durchhalten und trotzdem Hoffen. Sie alle wollen ermutigen, denn wir gehen unseren Lebensweg niemals alleine. Gottes Liebe und seine Gnade begleiten uns täglich. Er hat einen Plan für einen jeden von uns.

Wir reifen am Leben mit seinen Dennochs. Und weil Gottes Zusage feststeht und er uns an der Hand hält, dürfen auch wir an ihm bleiben – trotz allem! Das drückt auch der Psalmbeter in Psalm 73,23 so wunderbar aus: »Dennoch bleibe ich stets an dir; denn du hältst mich bei meiner rechten Hand.«

Birgit Ortmüller

1 Dennoch siehst du mich

ANNA BAER

Gemeindefest! Endlich, nach so langer Zeit im Corona-Virus bedingten Lockdown können wir wieder ein richtig echtes Gemeindefest feiern! Im Vorbereitungsteam stecken wir uns mit unserer Vorfreude gegenseitig an, es soll unbedingt ein schöner Tag für alle werden.

Am Festsonntag läuft alles nach Plan. Nur leider weist dieser Plan einige recht tückische Lücken auf. Alle sind vollauf beschäftigt, aber mir springen bei jedem zweiten Schritt überraschende Details zwischen die Füße, die zwar erledigt werden müssen, aber vorab niemandem zugeteilt wurden. Äußerlich gemessenen Schrittes, innerlich im Sprinttempo arbeite ich eines nach dem anderen ab.

Pünktlich beginnt der Freiluft-Gottesdienst. Dass ich nicht rechtzeitig fertig werde, um daran teilzunehmen, ist mir seit zwei Stunden bewusst. Und eigentlich macht mir das nicht viel aus, ich bleibe ja ohnehin lieber im Hintergrund. Aber während ich nun die Würstchen ins heiße Wasser zähle, so leise und unsichtbar wie möglich die anderen Kleinigkeiten erledige, krabbelt langsam Frust in mir hoch. Und als die Gemeinde eines meiner Lieblingslieder singt, kommen mir die Tränen.

»Herr, und ich?«, bricht es aus mir heraus, »Siehst du mich auch? Wieder mal sitze ich nicht bei den anderen im Gottesdienst. Siehst du mich trotzdem? Wieder mal singe ich keine Loblieder für dich, stattdessen kleckere ich hier mit Schüsseln und Senf rum – siehst du mich trotzdem? Einer muss die Arbeit doch machen, auch wenn Sonntag ist! Hast du mich trotzdem lieb?«

DER GOTT, DER MICH SIEHT

Danke, dass du mich nicht aus den Augen verlierst,
auch wenn kein Mensch mich sieht.
Danke, dass dein Blick freundlich und voll Güte auf mir ruht,
auch wenn ich versage.
Danke, dass du mich mit deinen liebevollen Augen leitest,
auch wenn ich deinen Blick nicht immer spüre.
Danke, dass du in mein Herz schaust und meine Gedanken
kennst,
auch wenn mich sonst niemand versteht.
Du bist der Gott, der mich sieht!

Mit etwas Mühe habe ich bis zum »Amen!« die Tränen ge-
trocknet und den letzten Salatlöffel in eine Schüssel gesteckt.
Alle wandern fröhlich zu den Spielständen, zum Essen oder
stehen hier und da beieinander, reden und genießen das Fest.

Und da sehe ich den Hund. Eine Festbesucherin hat ihn an
der Leine, um die Nase ist sein Fell schon ein bisschen grau
und in diesem wuseligen Getümmel ist er sowas von oberbrav,
wie es ein knapp kniehoher Hund nur sein kann. Mir schießt es
durch den Kopf: »Der hat Durst, dem hol ich jetzt was zu trinken!« Und tatsächlich: Hundi wittert sehnsüchtig den Wassernapf in meiner Hand, und kaum steht der am Boden, schlabbert
er schon drauflos. Gerührt sehe ich dem netten Wuffel beim
Trinken zu – doch plötzlich hört er auf damit. Nanu, schon fertig?! Der Hund tapst zu mir herüber, schnuffelt kurz an meiner
Hand, macht ganz zart »Schleck!« –, und widmet sich dann
weiter ausgiebig dem Wassernapf. Augenblicklich zerfließt
mein Herz wie Butter in der Sonne: Er hat Danke gesagt! Er ist
extra zu mir gekommen und hat auf Hundeart Danke gesagt!

Erst später begreife ich, was Gott mir durch diesen durstigen Hund geantwortet hat: »Ja, ich sehe dich! Wie du den Durst des Hundes gesehen hast, so habe ich deine Tränen gesehen. Den Gottesdienst hast du nur von Weitem gehört und dennoch war ich dir genauso nah, als hättest du am Altar gesessen. Ja, ich hab' dich lieb. Und deine Liebe zu mir sehe ich auch an einem Wassernapf, Rasenmäher oder Salatlöffel in deiner Hand.«

2 Dennochs brauchen Engel

STEFAN WAGENER

ch bin Jahrgang 1967. Zuweilen halte ich inne und betrachte die bisherige Wegstrecke meines Lebens mit ihren vielen Dennochs. Vermutlich ist es gar nicht anders möglich, wenn man ein Mensch ist, der mit körperlichen Einschränkungen leben muss. In meinem Fall ist es die Hörschädigung. Sie reichte aus, dass ich die Schule wechseln musste und eine gesonderte Schule für Hörgeschädigte besuchte. Außerdem bekam ich Hörgeräte.

Am Ende der Schulzeit stand die Berufswahl an. Was konnte ich werden mit meiner Schwerhörigkeit? Ich erinnere mich an den Tag, an dem die Berufsberatung in die Klasse kam und uns helfen sollte, passende Berufe zu finden. Berufe mit viel menschlichem Kontakt wurden mir nicht empfohlen und so wurde ich Schreiner. Es ist ein schöner Beruf, aber so richtig glücklich war ich damit nicht. Ich schlitterte als junger Mensch in eine echte Lebenskrise und haderte mit Gott, dass er mich so, mit meiner Hörschädigung, geschaffen hatte.

Eine Auszeit war nötig und so besuchte ich ein Bibelseminar. Anschließend absolvierte ich eine Ausbildung zum Erzieher und ließ das Studium der Theologie folgen. Heute bin ich Pfarrer. Dankbar staune ich über meinen Lebensweg, wenn ich zurückschaue. Wie gut ist alles geworden! Doch wie war das möglich?

Ein Dickkopf war nötig. Oft musste ich mit dem Kopf durch die Wand, um die Grenzen des Lebens immer weiter zu verschieben. Ist das das Erfolgsgeheimnis meines Lebens?

Ich denke, dass besonders Menschen mit körperlichen Einschränkungen ohne Dennochs nicht leben können. Wir brauchen dieses Dennoch immer wieder, um uns von Vorstellungen zu lösen, die scheinbar zu unserem Leben gehören und es klein halten. Wir brauchen das Dennoch, um uns mit und trotz unserer Einschränkungen gegen die Vorurteile und Grenzen – auch in uns selbst – in ein Leben zu finden, das uns erfüllt. Aber Dickkopf, Sturheit, starker Wille reichen nicht aus. Da kann man sich schnell verrennen. Wenn ich dankbar zurückschaue, nehme ich wahr, dass diese vielen Dennochs von Engeln begleitet waren. Damit meine ich nicht nur die Engel mit den Flügeln, sondern auch Menschen, die mich auf dem Weg der Veränderung begleitet haben. Mit ihrer Hilfe wurde aus einem, der mit seinem Lebensschicksal hadert, einer, der seine körperlichen Einschränkungen annimmt und aufbricht. Diese Menschen haben Potenzial in mir gesehen, das ich noch nicht erkennen konnte, und haben mich ermutigt, dieses zu entdecken und zu nutzen.

In meinem Fall gehörten zu den Engeln auch die Akkustiker und Techniker, die immer wieder neue Hörgerätemodelle entwickelten, und so meine Lebensmöglichkeiten aktiv verbessert haben. Ich denke da an meine ersten durch Computer angepassten Hörgeräte. Das war ein Quantensprung der Technik – und erst recht für mein Leben. Auf einmal standen mir neue Wege offen und das in einer Lebensphase, in der ich meinem Leben noch einmal eine neue Wende geben konnte. So war es möglich, dass ich mit 28 Jahren noch ein Theologiestudium beginnen konnte. Die neuen Hörgeräte haben mir diesen Weg eröffnet.

Ich habe einen Beruf, in dem ich mit vielen Menschen zu tun habe. Menschen haben mich auf meinem langen Weg begleitet und mir geholfen, zu werden, wer ich heute bin. Zugleich ist mein Leben stark von den technischen Fortschritten geprägt –

bis heute. Jede neue Entwicklung in der Hörgerätetechnik erweitert meinen Lebenshorizont. So wurden und werden Dennochs möglich, an die vorher nicht zu denken gewesen wäre. Meine Biografie ist also eine Dennoch-Biografie, die sich von Klischees löst und die – dank dem technischen Fortschritt – zu träumen wagt. Ich halte gerne inne, staune und bin den Menschen und Gott dankbar.

Wege gehen, Wege geführt werden,
einen Weg einschlagen.
Wir möchten auf dem besten Weg sein.
Und doch sind die Wege verschlungen, die wir gehen.
Immer wieder stoßen unsere Füße an Steine.
Es ist jemand im Weg,
oder wir bleiben auf halbem Wege stehen.
Gott hat seinen Engeln befohlen,
dass sie dich behüten auf allen deinen Wegen,
dass sie dich auf Händen tragen
und du deinen Fuß nicht an einen Stein stoßest.
Gott verspricht uns nicht,
dass unsere Wege einfach sind.
Aber er hat uns versprochen, bei uns zu sein
und uns seine Engel zu senden, die uns behüten,
wohin wir auch gehen.

STEPHAN GOLDSCHMIDT

3 Dennoch verzweifle ich nicht

CORNELIA MANDT

Vor etwa vier Jahren wurde bei meinem Mann Martin ein aggressiver Tumor festgestellt und die ärztliche Prognose lautete:»Achtzig Prozent versterben innerhalb von drei Jahren.« Da waren wir erstmal sprachlos.

Mein Mann mobilisierte in einer WhatsApp-Gruppe viele Beter, die für seine Heilung und um Kraft für uns beide beteten, mit dieser Situation zurechtzukommen. Es haben über hundert Leute für uns gebetet und diese Gebete haben uns in der ganzen Krankheitszeit getragen.

Als es Martin ein halbes Jahr später immer schlechter ging, gab es einen Tag, an dem sich Verzweiflung bei mir breitmachte. Die Angst, wie es weiter gehen sollte, packte mich. Aber gerade an diesem Tag betete Martin nochmal mit mir und Gottes Frieden kehrte wieder bei mir ein. Abends kam ich nach Hause und hatte ein Päckchen voller Ermutigungen bekommen und einen Brief mit einem Schmuckset erhalten. Darauf stand:»Don't be afraid. Just believe.« Ich suchte in meiner Online-Bibel die Stelle und las in Markus 5,36:»Verzweifle nicht. Vertrau mir einfach.« Gott hat mich hier ganz konkret angesprochen, so wie ich es gebraucht habe. Die Kette ermutigt mich bis heute, täglich Gott zu vertrauen.

Martin ist kurze Zeit später friedlich eingeschlafen. Seinen Sterbeprozess konnte ich mit Gottes tiefem Frieden im Herzen begleiten. Auch wenn Gott vermeintlich die vielen Gebete nicht erhört hat, so bin ich doch davon überzeugt, dass Gott es dennoch gut mit Martin gemacht hat. Denn jetzt ist er bei Gott in der Ewigkeit. Dort gibt es kein Leid und keinen Schmerz mehr, wie er es in Offenbarung 21,4 verheißt. Jetzt ist er geheilt und es geht ihm gut. Ich behaupte sogar, Gott hat alle Gebete erhört.

Natürlich hätte ich mir gewünscht, dass Martin gesund geworden wäre, und ich verstehe Gottes Entscheidung nicht. Aber Gottes Perspektive ist eine andere und er überblickt das große Ganze, wie auf einem Stickbild. Corrie ten Boom hatte ein wunderschönes Stickbild mit einer Krone. Sie benutzte diesen Vergleich, um zu verdeutlichen, dass unsere Perspektive auf dieses Stickbild – das für unsere Lebenssituation steht – die von hinten ist. Wir sehen nur das Fadenwirrwar und können nicht erkennen, was für ein Bild das werden soll. Aber Gott sieht eben die andere Seite und hat alles genau geplant. Deshalb habe ich mich wie Hiob dazu entschieden: Dennoch vertraue ich auf Gott. Denn er wird es auch mit mir gut machen (vgl. Hiob 13,15).

Jetzt sehen wir nur ein undeutliches Bild wie in einem trüben Spiegel. Einmal aber werden wir Gott von Angesicht zu Angesicht sehen. Jetzt erkenne ich nur Bruchstücke, doch einmal werde ich alles klar erkennen, so deutlich, wie Gott mich jetzt schon kennt.

1. KORINTHER 13,12

In der Zeit nach Martins Tod durfte ich ganz oft Gottes Hilfe erleben und dafür bin ich sehr dankbar. Kürzlich ging zum Beispiel mein Tiefkühlschrank kaputt. Meine Nachbarn haben ein paar Dinge in ihrem Gefrierschrank untergebracht. Am nächsten Tag fand ich mit Hilfe einer Freundin im Internet ein gebrauchtes günstiges Gerät, welches ich noch am gleichen Tag abends abholte. Der Verkäufer half mir, den Tiefkühlschrank ins Auto zu laden. Zwei junge Männer aus dem Haus packten mit an und gemeinsam haben wir das alte Gerät aus der Wohnung und das neue in die Wohnung getragen. Für die Entsorgung bekam ich von meiner Vermieterin einen guten Tipp und war den defekten Tiefkühlschrank schon am nächsten Tag los. Gott hat mir sechs Helfer geschickt und ich merkte, dass Gott sein Versprechen hält und sich um mich kümmert.

Niemand von uns weiß bereits heute, was die nächsten
Tage, Monate und Jahre bringen werden.
Welches Glück und welche Scherben erwarten uns?
Welche Pläne hat Gott für jeden von uns?
Was ich jedoch mit ziemlicher Sicherheit sagen kann:
Auch in der Zukunft werde ich damit kämpfen, Gott im Glück
und in den Scherben zu vertrauen
und dennoch wird Jesus da sein.
Er wird niemanden verlassen, der ihn und seinen Namen kennt.
Seine Liebe wird uns an den unmöglichsten Orten finden,
und eines Tages werden wir nicht länger daran zweifeln,
dass wir ihm wirklich vollkommen vertrauen können.

NATALIE MEYER

4 Dennoch auserwählt und berufen

GÜNTHER BIERL

Große Siege sind eine tolle Sache und sollten angemessen gefeiert werden! Große Zufriedenheit wäre die logische Folge. Doch läuft es oft umgekehrt. Man befindet sich auf einem Höhepunkt und die Frage stellt sich: Was jetzt? Geht's noch höher, noch weiter? Was ist, wenn es ab jetzt nur noch, wenn auch langsam, bergab geht? Zweifel und Ängste können sich breitmachen.

Der Prophet Elia hatte einen großen Sieg errungen. Er sorgte für die Vernichtung des götzendienstlichen Baalskult. Gott hatte geholfen, die Priester des Baal zu vernichten, indem er ein deutliches Zeichen setzte, um das die Priester des Baal ihren Götzen vergeblich gebeten hatten. Das Volk Israel war beeindruckt. Bis auf eine Person.

Die Königin Isebel hatte diesen Götzendienst mit ins Land gebracht und wollte der Zerstörung ihrer Religion nicht tatenlos zusehen.

Auf dem Höhepunkt seines Siegesrausches erfährt Elia nun die Nachricht seiner Königin: »Morgen um diese Zeit wird es dir genau so ergehen wie den Priestern des Baal.«

Mit der Allmacht Gottes im Rücken wäre es doch ein Leichtes gewesen, dieser Königin aus dem Ausland zu trotzen. Aber Elia stellt seine persönliche Angst nicht unter die Kraft Gottes. Er lässt seinen eigenen unwägbaren Gefühlen freien Lauf und rennt planlos davon. Doch nimmt er sich noch die Zeit, seinen Diener zu entlassen.

Einen ganzen Tag lang läuft er durch die Wüste, wirft sich unter einen Wacholderstrauch und ist mit den Nerven am Ende. Der große Prophet und Diener Gottes möchte nur noch sterben: »Es ist genug, so nimm nun, Herr, meine Seele; ich bin nicht besser als meine Väter.« Er kann nicht mehr. Vor tiefer Erschöpfung schläft er ein.

Jetzt hätte er es doch verdient, von Gott bestraft zu werden! Wie kann man nur so undankbar sein! Steckten in seinem Verhalten nicht der pure Unglaube und der Zweifel an der Macht Gottes? Aber was tut Gott? Er lässt Elia erst mal ausschlafen, bis er sanft von einem Engel geweckt wird. Zeit für eine Strafpredigt? Nein! Elia bekommt zuerst einmal das, was er am dringendsten braucht: etwas zu essen und zu trinken. Er darf nochmal ausschlafen, wird wieder versorgt – und nun kommt die Strafe? Nein! Gott gibt ihm einen neuen Auftrag. Elia resigniert, Gott aber designiert. Er unterschreibt Elias Auftrag wieder neu.

Elia erkennt die Gabe Gottes und wandert 40 Tage bis zum Berg Horeb, ein Weg, den er auch in fünf Tagen hätte bewältigen können. Die Furcht vor Gott lässt ihn langsam werden. Er schiebt die Begegnung mit Gott auf. Aufschiebendes Verhalten ist ein Zeichen der Angst: »Morgen, morgen, nur nicht heute.« In einer Höhle am Horeb begegnet ihm Gott dann doch. »Was machst du hier, Elia?«

Elia bekennt sein Versagen und seine Angst, doch Gott gibt ihm eine Lehrstunde. Er erlebt nun Sturm, Erdbeben und Feuer! Das ist Gottes Gegenwart? Nein!

Elia fühlt ein sanftes Sausen – das ist die Gegenwart Gottes. Gott zeigt sich als der sanfte Vater und nicht als der hart Strafende. Elia war von Gott ausgewählt und wen Gott wählt, den lässt er nicht fallen. Mit einem neuen großen Auftrag, der Königssalbung, wird Elia von Gott auf seinen neuen Weg gesandt.

In Römer 8,28 lesen wir:»Wir wissen aber, dass denen, die Gott lieben, alle Dinge zum Besten dienen, denen, die nach seinem Ratschluss berufen sind.«

Woher weiß ich, dass ich berufen bin? Wer an Gott glaubt und nach seinem Wort lebt, ist berufen. Als Bestätigung übernimmt Christus die Lebens-Führung. Im Kreuz wird das große Dennoch Gottes deutlich sichtbar. Jesu Sterben bringt Gottes fühlbare Gegenwart für jeden, der daran glaubt.

Der dich gemacht hat, weiß auch,
was er mit dir machen wird.

AUGUSTINUS

---

5 Dennoch glücklich

MADELEINE ORTMÜLLER

Mit 15 Jahren habe ich angefangen, meinem größten Hobby nachzugehen, dem Radsport. Dass daraus mal mehr werden könnte, habe ich zu diesem Zeitpunkt nicht geahnt. Schnell wurde mir jedoch klar, dass dieser Sport meine Leidenschaft ist und mich komplett fordert, aber auch ausfüllt. Mein Körper setzte das enorme Trainingspensum unglaublich zügig und positiv um. So wurde ich innerhalb kurzer Zeit von der kleinen unerfahrenen U-17-Fahrerin zu einer erfolgreichen Nationalfahrerin. Wow, mein Traum wurde Wirklichkeit. Im Alter von 17 bis 20 Jahren konnte ich meine größten Erfolge feiern, wurde Deutsche Meisterin Berg, Deutsche Vizemeisterin und durfte für Deutschland mit meinem Team bei der Weltmeisterschaft antreten. Das tägliche Training, die Wettkämpfe und die Atmosphäre in meinem Team, die vielen Reisen erfüllten mich mit sehr viel Freude und Zufriedenheit. Ich wusste, dass ich mit dieser Sportart meinen Kindheitstraum von Olympia erfüllen könnte. Die Ergebnisse sprachen für sich, ich war sehr glücklich und auch ein wenig stolz auf mich. Die sportlichen Erfolge nahmen zu und ich platzierte mich bei Straßenrennen zunehmend im vorderen Fahrerfeld. So manchen Wettkampf beendete ich mit einem Podestplatz.

Jedoch war mir immer bewusst, dass ich mein Talent für den Radsport sowie die Begeisterung und die Erfolge nur einem zu verdanken hatte, nämlich Gott. Er hat mich all die Jahre behütet, bewahrt und einfach mit ganz viel Kraft und Glück beschenkt. Ich fühlte mich bestätigt, dass Gott den Weg als Radprofi für mich geplant hatte. Ich hatte etwas gefunden, in dem ich richtig gut war und was mich mit sehr viel Freude erfüllte. Vor jedem Rennen habe ich mir immer die Zeit genommen, um ins Gebet zu gehen. Selbst während der Rennen habe ich oft mit Gott geredet. Er hat mich diese ganze Zeit begleitet und war immer bei mir.

Doch im Laufe der Jahre erlitt meine Erfolgskurve Einbrüche, es gab zunehmend Probleme. Schwere Stürze, welche mich aus dem Training und dem Wettkampfgeschehen zogen, mehrere Trainerwechsel, die mir das Leben zum heranwachsenden Radprofi auch nicht leichter machten und anderes mehr.

Zuletzt erkrankte ich am Pfeifferschen Drüsenfieber. Diese Krankheit brachte mich ganz raus, mein Körper gehorchte mir nicht mehr und kapitulierte. Ein ganzes Jahr habe ich gebraucht bis ich wieder annähernd anfangen konnte, ordentlich zu trainieren und Wettkämpfe zu bestreiten. In dieser Zeit betete ich sehr oft, dass Gott mir doch bitte helfen möge, einfach wieder an meinen bisherigen Leistungen anknüpfen zu können. Doch so sehr ich auch dafür kämpfte und dafür betete, es wurde einfach nicht mehr so wie früher. Es war nicht leicht, diese Situation zu akzeptieren. Plötzlich befand ich mich nicht mehr vorne in der Spitzengruppe wieder, sondern fuhr ganz weit hinten in einer abgehängten Gruppe vor dem Besenwagen. Als dann noch meine Trainerin erkrankte und mich nicht mehr begleiten und trainieren konnte, wusste ich einfach nicht mehr weiter.

Doch Gott hat mich auch in dieser schweren Zeit nicht fallen lassen. Heute bin ich davon überzeugt, dass er mir deutlich machen wollte, dass er diesen Weg nur für eine gewisse Zeit für mich vorgesehen hatte. Aufgrund meiner Leistungen als Spitzensportlerin erhielt ich einen geförderten Studienplatz, der mir ein duales Studium im gehobenen Dienst ermöglichte. Es war sehr schwer, auf hohem Niveau zu trainieren (ca. 400 km auf dem Rad in der Woche, Fitnessstudio, Physiotherapie usw.) und gleichzeitig leistungsgerecht zu studieren. Mir wurde deutlich, dass nun der Zeitpunkt gekommen war, meinen Kampfgeist, welchen ich zuvor in meine Radsportkarriere investiert hatte, in mein Studium zu stecken, damit ich in Zukunft auch ohne den Hochleistungssport ein gutes und normales Leben führen konnte.

Lange habe ich dagegen angekämpft, doch irgendwann war mir einfach klar, dass Gott eine Radprofikarriere nicht für mich vorgesehen hatte. Rückwirkend bin ich Gott einfach so unfassbar dankbar, dass ich die Möglichkeit hatte, meinen Traum zu leben, einen Studienplatz zu erhalten und ein Leben zu führen, wie ich es mir vorgestellt hatte. Ich gebe zu, dass ich eine Zeit lang nicht so gut auf Gott zu sprechen war, da ich die vielen gesundheitlichen Probleme und daraus resultierenden Rückschläge nicht verstehen konnte. Es war nicht leicht, meinen Traum zerplatzen zu lassen, ich war es doch gewohnt, dass man mit Ehrgeiz und Disziplin so viel erreichen konnte. Viele Anläufe habe ich unternommen und doch sollte es nicht mehr sein.

Heute danke ich Gott für dieses Eingreifen in mein Leben. Auch wenn mir zunächst viel genommen wurde, hat er mich dennoch reich beschenkt und mir Frieden gegeben. Ich habe mein Studium erfolgreich beenden können, habe einen super Arbeitsplatz und den wundervollsten Partner, den ich mir nur an meiner Seite vorstellen kann. Wir haben viele Pläne für unsere Zukunft und machen nun gemeinsam Sport.

Ich denke gerne an die vergangenen Zeiten zurück, sie haben mich geprägt. Aber ich schaue auch glücklich in die Zukunft und bin gespannt, welchen Weg Gott mich weiterhin führt.

6 Dennoch Gelassenheit einüben

ARNO BACKHAUS

E s hat mal jemand gesagt:»An der Bibel regt mich nicht das auf, was ich nicht verstehe, sondern das, was ich verstehe.« Vielleicht gibt es Widersprüche in der Bibel, vielleicht ist aber auch mein Verstand zu stark begrenzt, sodass ich manche Zusammenhänge nicht verstehe oder verstehen kann.

Es gibt auf jeden Fall eine Menge scheinbarer Widersprüche, wie zum Beispiel in diesem Vers aus dem Neuen Testament, wo es in Philipper 2,12-13 heißt:»Liebe Brüder, ich freue mich deshalb, dass ihr immer sowohl in meiner Gegenwart wie auch in meiner Abwesenheit gehorsam wart; nun seid es weiter und tut mit Furcht und Zittern alles für eure Errettung, da Gott es ist, der nach seinem Wohlgefallen in euch das Wollen und Vollenden wirkt.«

Hier kommt die Spannung zwischen Demut und Selbstbewusstsein ganz extrem zum Ausdruck. Einerseits sind wir gefragt, wenn es heißt:»... tut mit Furcht und Zittern alles für eure Errettung ...« Ich soll alles in meiner Macht Stehende für meine Errettung tun, so als ob es nur auf meinen Einsatz ankäme. Ich muss hellwach bleiben, hoch motiviert und total konzentriert auf meine Errettung.

Dennoch folgt noch im gleichen Satz die vermeintlich genau gegenteilige Aussage:»... da Gott es ist, der nach seinem Wohlgefallen in euch das Wollen und Vollenden wirkt.« Ich kann gar nichts tun, weil Gott es ist, der das Wollen in mir bewirkt. Ich kann entspannen, Stress und Hektik loslassen, ruhig bleiben. Gott macht mir überhaupt keinen Druck, sondern hilft mir, Gelassenheit einzuüben.

Genau zwischen diesen beiden Polen findet lebendiges Christsein statt! Wenn ich in dieser Spannung lebe, zwischen Demut und Selbstbewusstsein, bleibt mein Glaube lebendig. Dann stehe ich nicht in der Gefahr eines frommen Burn-outs aber auch nicht in der Gefahr, als eingeschlafener Traditionschrist zu enden.

Die Pharisäer damals waren standhaft. Und sie waren in Stand-Haft, ihr Standpunkt war ihr Gefängnis. Jesus möchte mich aber entsetzen. Im wahrsten Sinne des Wortes ent-setzen, also weg vom Sitzen im Gottesdienst, Hauskreis oder der Bibelstunde bringen, sodass ich das einübe, trainiere was ich glaube, predige und proklamiere. Ich soll ja Jesus folgen und das kann ich nicht im Sitzen. Und beim Losgehen verlaufe ich mich immer wieder, versage, stolpere, falle hin und bleibe am Boden liegen. Dennoch erlebe ich Jesus als den großen Ermutiger und Tröster, der mir vergibt, da wo ich mal wieder versagt habe, der mich beruhigt und bremst, wenn ich zu schnell und unpassend losrase, wenn ich keine Orientierung finde oder mal wieder auf mich selbst reingefallen bin. Dennoch gibt es keinen Grund, sich im Trost auszuruhen. Weil sein Auftrag gilt: »Geht hinaus in die ganze Welt und ruft alle Menschen dazu auf, meine Jünger zu werden!« (Matthäus 28,19).

Ich muss wachsam bleiben, wo Gott mich fordert und herausfordert, aber auch, wo er mich ermutigt, gelassen zu bleiben. Er macht uns keinen Druck und sagt: »Ich bin immer bei euch, bis das Ende dieser Welt gekommen ist!« (Matthäus 28,20).

In allen Angelegenheiten handle,
als ob du alles und Gott nichts täte;
vertraue, als wenn du nichts und Gott alles täte.

IGNATIUS VON LOYOLA

7 Dennoch nimmst du mir meine Last

JOHANNES DOSE

B isher ist mir in meinem Leben noch nie ein Mensch ohne Talerfahrungen begegnet. Selbst ein kleines Kind mit einem aufgeschlagenen Knie kennt schon ein Tal und braucht die Tröstung eines Erwachsenen. Um so älter wir werden, um so mehr Talerfahrungen und Dennochs ereilen uns. Keiner von uns liebt die Dunkelheit des Lebens, aber keiner von uns kann das Dunkle immer vermeiden.

Noch unvergessen ist mir der Morgen vor dem Beginn einer großen Jugendfreizeit in Norwegen. Ich hatte die Verantwortung für 80 Jugendliche und Mitarbeiter, die mit mir für vier Wochen nach Norwegen aufbrechen wollten. Neben der Organisation einer so großen Freizeit hatte ich auch viele Referate zu halten und dachte an dem besagten Morgen: »Du packst die Freizeit mit der großen Verantwortung nicht.« Wie gelähmt lag ich im Bett und kam nicht hoch. Meine Frau brachte mir einen Kaffee ans Bett. Ganz langsam versuchte ich aufzustehen und kam mir vor wie Atlas in der griechischen Mythologie, der die ganze Welt zu tragen hatte. Am Frühstückstisch würgte ich eine Scheibe Brot herunter.

Dann griff meine Frau zu den Losungen. Die Losungen sind ein Büchlein, in dem für jeden Tag zwei Mut machende Worte aus der Bibel stehen. Diese Losungen sind in dem Bewusstsein zusammengestellt worden, dass es einen lebendigen Gott gibt, der gerne unser Leben begleitet und uns durch sein Wort immer wieder neu ansprechen möchte. Worte von Menschen können schon eine sehr heilsame Wirkung in dunklen Situationen unseres Lebens haben. Erst recht Gott mit seinem Reden, weil er den Überblick über unser ganzes Leben hat.

Als meine Frau ein Wort aus dem Alten Testament vorlas, passierte für mich ein Wunder. Als Niedergeschlagener hörte ich den Zuspruch Gottes aus Jesaja 41,10:»Fürchte dich nicht, ich bin mit dir; weiche nicht, denn ich bin dein Gott. Ich stärke dich, ich helfe dir auch, ich halte dich durch die rechte Hand meiner Gerechtigkeit.«

Als ich dieses Wort hörte, kam es mir vor, als ob Gott unsichtbar neben mir stünde und mir mein Atlasgewicht nahm. Mir wurde die schöne Erfahrung geschenkt:»Johannes, du fährst nicht alleine nach Norwegen. Du musst nicht alles alleine tragen, ich, Gott, fahre mit.« Gott redete genau zur rechten Zeit in mein Tal hinein.

Kommt alle her zu mir, die ihr euch abmüht und unter eurer Last leidet! Ich werde euch Ruhe geben. Vertraut euch meiner Leitung an und lernt von mir, denn ich gehe behutsam mit euch um und sehe auf niemanden herab. Wenn ihr das tut, dann findet ihr Ruhe für euer Leben.

MATTHÄUS 11,28-29

Nach diesem Zuspruch konnte ich in das vollgepackte Auto einsteigen. Natürlich gab es auf der Freizeit auch noch weitere Talerfahrungen, aber ich erlebte mich während der Zeit in Norwegen als Getragener.

Gott sieht unsere Lasten, egal wie klein oder groß sie sind. Wer an Gott glaubt und ihm auch in den Tälern des Lebens vertraut, bleibt dennoch getragen und darf Wunder erleben.

WIE EIN NASSER SACK

Herr, wie ein nasser schwerer Sack
plumpse ich in deine Arme.
Meine ganzen Lasten,
die wie Gewichte an meinen Füßen hängen,
bringe ich mit.

Meine Ängste, Sorgen und Enttäuschungen
kleben auch an mir.
Meine Fragen nach der Zukunft und vielem mehr
halte ich fest unter den Armen.
Meine Träume und Sehnsüchte
belagern meine Hände.

Mit diesem ganzen Ballast
ist es mir fast unmöglich zu laufen –
so torkele ich auf dich zu.
Der Leidensdruck wurde zu groß,
so trete ich diesen schweren Weg an.
Dir bin ich nicht zu schwer, zu belastend oder zu schwierig.
Deine Arme sind nicht zu kurz oder zu schwach,
mich aufzufangen.

Deine Liebe zweifelt nicht an mir
und wirft mich nicht weg.
Deine Augen verachten mich nicht,
sondern ruhen auf mir.
Dein Herz ist nicht verhärtet gegen mich,
sondern es brennt für mich – aus Liebe,
so komme ich zu dir – wie ich bin.
Danke!

SABINE KLEY

8 Dennoch ist Gott treu

MANUELA GÜCKER-BRAUN

Dennoch bleibe ich stets an dir.« Voller Überzeugung hatte ich mir diesen Vers aus Psalm 73 als Konfirmationsspruch ausgesucht:»Klar, bleibe ich bei dir, auch wenn du mir mit meiner Querschnittlähmung vor eineinhalb Jahren viel zugemutet hast.«

Ich frage mich, ob es dem Petrus nicht ähnlich ging. Er, der völlig überzeugt war von seiner Treue zu Jesus. Der versprochen hatte, Jesus in jedem Fall, bis in den Tod hinein, zu begleiten. Sein Dennoch lautete:»Auch wenn sie sich alle von dir abwenden – ich werde es ganz bestimmt nicht tun!« Doch dann kam alles ganz anders. Der Hahn krähte. Petrus hatte sein Versprechen nicht gehalten. Er hatte Jesus verraten. Jetzt musste sich Petrus mit den Tiefen seines Herzens auseinandersetzen. Sein Versprechen, sein Dennoch, verflüchtigte sich wie Staub.

So auch bei mir. In der Auseinandersetzung mit meiner Situation tauchten Widerstände auf. Rebellion gegen einen Gott, der manchmal nicht eingreift, auch wenn es mir richtig schlecht geht. Also wurde dieses»Dennoch bleibe ich stets an dir« in mir, im Laufe der Zeit, immer leiser, bis es ganz verstummte. Stattdessen stellte sich der Zweifel ein, der ängstlich danach fragte, ob nicht auch Gott sich von mir abwenden könnte, so wie ich es bei ihm manchmal tat.

Vor allem das»stets« wurde regelrecht illusorisch, wenn ich ehrlich war. Bis ich dann richtig traurig darüber wurde, dass ausgerechnet ich mir diesen Vers zum Begleiter für mein Leben ausgewählt hatte. Ich sehnte mich nach Zuspruch. Denn was hilft wirklich, »wenn gleich mir Leib und Seele verschmachtet«? Ganz sicher nicht mein stetes Dennoch.

Heute bin ich versöhnt mit meiner Wahl, denn Gott hat etwas Großartiges getan. Er hat diesen Vers von meinem Versprechen zu seinem Versprechen umgekehrt und zu einer Verheißung für mich gemacht. »Dennoch bleibe ich stets an dir.« Das sagt er zu mir!

Dieses Dennoch Gottes an mich ist gedeckt durch Christus, der mich unendlich liebt. Ich glaube, mit dieser Verheißung kann ich getröstet leben und hoffentlich auch sterben! Und vielleicht kommt ja dann auch manchmal – im Hinschauen auf diesen Christus – wieder ein ganz kleines, stilles, leises »Dennoch« über meine Lippen.

Herr,
in mir ist es finster,
aber bei dir ist das Licht.
Ich bin einsam,
aber du verlässt mich nicht.
Ich bin kleinmütig,
aber bei dir ist Hilfe.
Ich bin unruhig,
aber bei dir ist der Friede.
Ich verstehe deine Wege nicht,
aber du weißt den Weg für mich.

DIETRICH BONHOEFFER

9 Dennoch ein lehrreicher Umweg

SIMONE RÖHRICHT

Ich bin mir sicher, es ist jedem von uns schon einmal passiert, dass er eine falsche Entscheidung getroffen hat. Manchmal wird einem das schneller klar, manches Mal dauert es etwas länger. Aber nicht immer muss eine falsche Entscheidung auch etwas Schlimmes sein. So ging es mir vor einiger Zeit. Anfang des Jahres habe ich meinen Job gekündigt. Vorher hatte ich mir natürlich einen neuen Arbeitsplatz gesucht. Früher hätte man darüber vielleicht bei jemandem mit bald 50 Jahren und einem festen Arbeitsplatz in einer guten Position den Kopf geschüttelt. Aber genau das war es, ich wollte diese Leitungsposition nicht mehr. Ich wollte ganz bewusst zurück in die Reihe treten. Ich wollte Verantwortung abgeben. Aus dieser Situation heraus war ich dann – wie ich heute weiß – etwas vorschnell in meiner Entscheidung für den neuen Job, habe nicht so ganz genau hingeschaut, bestimmte Schwingungen ignoriert und mich nicht genug informiert über meinen neuen Arbeitgeber. Sprich: Ich habe mir nicht selbst vertraut und habe nicht auf meinen Bauch gehört.

Drei Wochen nach meinem Start wusste ich es dann: Hier bist du falsch. Dieses Unternehmen hat Werte, die mit deinen nicht übereinstimmen. Hier geht es nicht um Menschen, hier geht es nur ums Geld. Hier zählt nicht deine Leistung, dein Einsatz und der Wille, sondern nur das, was man damit verdienen kann. Fehler sind hier keine Chance, es beim nächsten Mal besser zu machen, sondern müssen unbedingt von vornherein vermieden werden. Und alles, was den Menschen im Unternehmen guttut, wird nur dann gemacht, wenn man es auch vermarkten kann – wie die Teilnahme an Wohltätigkeitssportveranstaltungen. Dinge wie familienfreundliche Arbeitszeiten waren nicht gewollt.

Und dennoch habe ich mich überzeugen lassen, bei einer Sportveranstaltung für den guten Zweck mitzumachen. Dazu muss man wissen, ich trage Kleidergröße 52 und bin Hobbysportlerin – nicht mehr, aber auch nicht weniger. Einige nette Kolleginnen haben mich bestärkt und so entschloss ich mich, die Schwimmdistanz einer Triathlon-Staffel zu übernehmen. Ein bisschen auch mit dem Hintergedanken, mich so vielleicht besser mit dem Unternehmen verbinden zu können. Ich musste 500 m im Freiwasser, der Hamburger Alster, schwimmen. Ich fing an zu trainieren, ging regelmäßig ins Schwimmbad, aber auch in ein Freibad mit Naturwasser. Ich übte eine neue Schwimmtechnik mit einer Trainerin und versuchte mich ans kalte Wasser zu gewöhnen. Und schon hierbei habe ich gemerkt, dass etwas mit mir passierte. Ich wurde mutiger und selbstbewusster, was den Sport betrifft.

Dann war es so weit. Ich bin mit einer großen Gruppe von Menschen ins 18 Grad kalte schmutzige Wasser der Hamburger Alster gehüpft. Und kann sagen, dass ich getragen von anfeuernden Freundinnen und Fremden die beste Zeit geschwommen bin, die ich auf diese Distanz je gebraucht habe. Ich stieg wie Phönix aus dem Wasser.

Etwa zwei Jahre später habe ich das Unternehmen verlassen. Aber dieses erhabene Gefühl, etwas schaffen zu können, wenn ich mir und meinem Gefühl vertraue, an mir arbeite und mutig vorangehe, werde ich nie vergessen.

Ohne die falsche Entscheidung und den Umweg, den ich in meinem Leben machen musste, hätte ich diese Erfahrung wohl missen müssen.

Gegen Zielsetzungen ist nichts einzuwenden, sofern man sich dadurch nicht von interessanten Umwegen abhalten lässt.

MARK TWAIN

10 Dennoch am Leben

JOSEF MÜLLER

Dennoch ... lebe ich heute noch! In jungen Jahren kam ich beinahe um mein wertvolles Leben, das mir von Gott unverdient geschenkt worden war. Mit 16 Jahren konnte ich mit einer Sondergenehmigung des TÜV München, nachdem ich eine psychologisch-medizinische Untersuchung erfolgreich bestand, den PKW-Führerschein erwerben. Das war möglich, da mein Vater als Handelsvertreter gesundheitlich angeschlagen war und ich im elterlichen Betrieb mithelfen musste, Produkte zu Kunden auszufahren. Was war das für ein Knaller. Ich war der Star der Mädchen mit einem eigenen fahrbaren Untersatz. Nachmittags nach der Schule dem Papa geholfen, abends mit den Mädels in eine Disko. Ich war der John Travolta der 70er, denn tanzen konnte ich auch noch wie ein Profi. Ich war ein richtiger Rock 'n' Roller.

Das Ganze nahm ein jähes Ende, als ich am Sonntag, den 29. Juli 1973 um ca. zwei Uhr morgens vom Tanzen nach Hause fuhr. Ich kam aufgrund einer regennassen Fahrbahn und überhöhter Geschwindigkeit ins Schleudern. Der Wagen kam von der Fahrbahn ab und überschlug sich ein paarmal, bevor der Abflug meines Autos an einem Alleebaum ein plötzliches Ende fand.

Vier Stunden hing ich bewusstlos in dem Autowrack, bis mich jemand entdeckte. Polizei, Feuerwehr, Krankenwagen. Das volle Programm. Ich kam ins örtliche Krankenhaus und später mit dem Helikopter in eine Spezialklinik nach Heidel-

berg, denn ich hatte eine Rückenmarksverletzung, eine soge-
nannte Querschnittlähmung, die mich bis heute in einen Rollstuhl zwingt.

Aus mein turbulentes Leben. Vorbei die flotten Mädels in
ihren damalig so schön kurzen, enganliegenden Miniröcken,
ab in die – sorry – Krüppelabteilung. Aus der Traum vom geilen
Leben!

Nein! Ein Josef Müller lies sich nicht in ein solches Vor-sich-
hin-Jammern und tristes Behindertenleben hineinpressen. Ich
sagte damals: Ich bin nicht be-hindert, sondern nur am Gehen
ver-hindert! Das gab mir Mut und Aufschwung, da war er wieder, der Never-give-up-Typ.

Ich ermutige dich, egal was dir im Leben widerfährt und wie
schlecht es auch aussehen mag, prüfe selbst deine Chancen,
aus der Sache rauszukommen oder im positiven Sinn weiterzu-
leben. Hör nicht auf andere Menschen, die dir einreden: »Das
geht doch nicht, das haben wir noch nie gehabt, das können
wir so nicht machen!« Das sind keine Weltveränderer, das sind
Welt- und Zukunftsbremser. Sei ein Möglichmacher, damit bist
du für andere ein Vorbild und ein Ermutiger.

Und vergiss nicht im Gebet die Sache, in der du hängst, vor
Gott zu bringen. Er hört jedes Gebet – ob er es erhört, ist seine
Sache. Und frage nie nach dem Warum – sondern ersetze dieses Fragewort mit einem Wozu. Vielleicht wirst du auch erst
später eine Antwort darauf finden. Aber hör auf zu grübeln,
pack das Leben wieder neu an. Du hast auf der Erde nur eines
und das ist wunderbar.

Wie ging es damals weiter? Nach ein paar Jahren war ich Steu-
erberater und hatte – wieder ein paar Jahre später – vier Steu-
erkanzleien in Deutschland mit 50 Mitarbeiter. Gut, dass ich
dennoch nie aufgegeben habe.

Und heute weiß ich, dass mich auch Gott nie aufgab, denn im Alter von 50 Jahren änderte ich mein wieder flott gemachtes Leben erneut, nachdem ich eine Begegnung mit dem Herrn Jesus hatte. Heute bin ich ausschließlich als Evangelist, Buchautor und Ermutiger in ganz Europa unterwegs. Gut, dass ich wieder einmal das Wörtchen *dennoch* in den Mund nahm, da ich sonst meine wahre Begabung als Ermutiger nie gefunden hätte.

Es gibt keinen Augenblick in unserem Leben, in dem wir nicht einen neuen Weg einschlagen könnten.

CHARLES DE FOUCAULD

11 Dennoch überwindest du mein Aber

MANUELA GARTHE

In jungen Jahren war mein Gebet:»Gott, schenke du mir den richtigen Lebenspartner – führe ihn, schütze ihn. Lass ihn auf dich vertrauen, so wie ich dir vertraue.« Als ich dann mit 15 Jahren an einer christlichen Schülerfreizeit teilnahm, lernte ich einen Mitarbeiter kennen. Ich war beeindruckt von seinen liebevollen offenen Augen. Zum Abschluss der Freizeit sagte er zu mir:»Ich komme dich in deiner Gemeinde besuchen – wenn du mich einlädst.« Ich hörte nur den ersten Teil des Satzes und wartete Sonntag für Sonntag auf seinen Besuch. Und er wiederum wunderte sich, warum er keine Einladung bekam.

Fünf Jahre später, in meiner Ausbildungszeit als Physiotherapeutin, traf ich ihn auf einer Silvesterfreizeit wieder. Stundenlang unterhielten wir uns dort noch nach dem Abendprogramm. Dabei beeindruckte mich sein Erleben von Gottes Führung. Mich ergriff eine unbändige Freude darüber, dass Gott ihn bewahrt hatte und ihn zum Studium an ein Missionsseminar im Nachbarort geführt hat, sodass ich ihn kennenlernen durfte. Am Ende der Freizeit fragte er mich:»Kannst du dir vorstellen, mit mir befreundet zu sein?« Ich antwortete:»Joa!« (Was so viel bedeutete wie Ja und Nein.) Vorstellen konnte ich es mir tatsächlich – ob ich es aber sein wollte, wusste ich noch nicht.

Meine bisherige Berufung galt Deutschland. Als Christin und Physiotherapeutin so zu leben, dass andere Menschen ins Fragen nach Gott kommen – das war mein Lebensmotto. In der

Schule hatte ich in den Fremdsprachen schlechte Noten gehabt. Nun hatte er aber eine klare Berufung, als Missionar in die Welt hinaus zu reisen. Mir war ganz klar, dass ich nur mit einer neuen Wegweisung von Gott zu einer Freundschaft mit ihm von Herzen Ja sagen konnte. Ich merkte bei ihm, dass er Gottes Ruf folgte und dass ich, wenn ich sorgsam damit umging, zu diesem Gottvertrauen beitragen konnte. Da war etwas Heiliges.

So betete ich mit einer Freundin eine Nacht durch. Mein Gebet war: »Herr, zeige du mir deutlich meinen Weg – mit oder ohne diesen besonderen Menschen.«

In dieser Nacht hatte ich einen Traum: Vor mir lag eine Wegkreuzung. Links lag ein breiter gepflegter Weg, am Ende ein Haus, ein gläubiger Mann, zwei Kinder, ich als Kinderphysiotherapeutin. Rechts gab es nur einen unübersichtlichen Trampelpfad, von Nebelschwaden verhüllt. Da gab es keine Versprechungen, dass ich leicht Sprachen lernen oder mich in einer fremden Kultur zurechtfinden würde. Dafür war dort aber Gottes ausgestreckte Hand und seine Worte: »Du wirst mir vertrauen lernen!« Am nächsten Morgen war mir klar: Wenn ich den breiten Weg gehe, dann werde ich mich immer fragen, was Gott noch alles an Erfahrungen mit ihm für mich bereitgehalten hätte.

Und so habe ich mich mit einem kleinen zaghaften Ja auf diesen Trampelpfad des Vertrauens begeben, in eine ungewöhnliche Lebensbeziehung. Und ich wurde nicht enttäuscht. Nach zweieinhalb Jahren heirateten wir und gingen nach Indonesien. Dort gab es immer wieder Momente, in denen ich mich direkt an Gott wandte und ihn um Kraft bitten musste. Zum Beispiel als eine Ratte durch die Zimmerdecke brach und direkt auf unser Essen fiel. Oder als sich Kakerlaken auf unsere Bettdecke verirrt hatten. Oder als ich in meiner zweiten

Schwangerschaft mitten in einer prekären politischen Situation an Typhus erkrankte.

Immer wieder hat Gott mein Gebet nach Kraft erhört und zwölf Jahre nach diesem entscheidenden Traum wohnten wir in Deutschland in einem Haus und hatten zwei Kinder. Mein Mann arbeitete als theologischer Leiter in einem kirchlichen Besucherzentrum und ich war als Kinderphysiotherapeutin tätig. Es war so wie damals in meinem Traum. Aber ich war dem Trampelpfad und der ausgestreckten Hand Gottes gefolgt. Ich habe gelernt, ihm zu vertrauen. Gott hat durch sein Dennoch jedes meiner Aber überwunden. Und genau das erlebe ich auch im Kleinen immer wieder, bis auf den heutigen Tag!

Gewöhne dir an zu sagen: »Rede, Herr!«
Dann wird dein Leben ein Abenteuer.

OSWALD CHAMBERS

12 Dennoch wieder aufstehen

KERSTIN WENDEL

Zzzschhh. Radfahrer kennen dieses Geräusch. Innerhalb von wenigen Sekunden weicht die Luft aus dem Fahrradreifen und er ist platt. War es eine Scherbe oder einfach Altersschwäche? Egal weshalb es einen erwischt, die schöne Tour ist unterbrochen oder vorbei. Nun heißt es reparieren oder sich abholen lassen.

Zzzschhh. Genau diese Erfahrung machte ich vor vielen Jahren. Ich war allerdings nicht mit dem Rad unterwegs, sondern saß in meinem alten Kinderzimmer. Dort fing ich – angestoßen durch einen therapeutischen Prozess – an zu schreiben, um mich zum ersten Mal intensiver mit meiner schweren Schmerz-Problematik zu beschäftigen. Damals hatte ich bereits über 15 Jahre mit chronischen Rücken- und Kopfschmerzen zu tun. In diesen ersten Schreibstunden meiner Lebenskrise war es mir, als würde in kurzer Zeit die Luft aus meinem Leben herausgelassen. Was? Ich bin gar nicht hauptsächlich organisch krank? Für mich war das ein tiefsitzender Schreck. Ich fühlte mich unsicher, haltlos, hoffnungslos, ängstlich, bedroht. Ich ahnte, dass das Schreiben auf der Bettkante erst der Anfang einer großen Aufräumaktion meines Lebens sein würde. Allerdings fühlte ich mich überhaupt nicht stark genug dafür.

Zzzschhh, die Luft war doch eigentlich aufgrund der Schmerzen schon raus. Bereits am Anfang meines Weges fühlte ich mich eher platt.

Mir blieb die gleiche Aufgabe wie dem passionierten Radfahrer: reparieren (lassen). Ein riesengroßes Dennoch musste ich durchbuchstabieren: Ich will mich jetzt nicht hängen lassen, sondern kämpfe für mehr Gesundheit. Und ich will mich heilen lassen, da wo ich alleine mir nichts erkämpfen kann. Meine Kinder waren klein, mein Mann als Pastor gut beschäftigt. Mein Leben zu schade, um es dort am Wegesrand liegen zu lassen. Also hieß es, Alltag zu stemmen, chronische Schmerzen zu bewältigen und gleichzeitig schmerzhafte Aufräumarbeiten anzugehen. Denn psychosomatische Erkrankungen haben oft auch mit Beziehungen zu tun. Dort hinzuschauen kostet Kraft, Seelenkraft. Acht Tage schafft man das sicher, acht Monate können schon lang werden. Bei mir wurden es acht Jahre. Da war ein riesengroßes Dennoch zu sprechen und auszuleben.

Man befreit sich nicht von etwas, indem man es meidet,
sondern indem man hindurchgeht.

CESARE PAVESE

Gott hat sich zu mir gestellt. Das war für mich überwältigend. Es ist die alte Erfahrung des Psalmbeters aus Psalm 73,23:»Und du hältst mich bei der Hand!« Das habe ich gespürt durch Worte von ihm, tiefe Eindrücke, Taten von Menschen, geöffneten Türen und immer wieder erneuerter Kraft.

In einer Lebenskrise Dennoch zu sagen ist kein Kinderspiel. Es kann mitunter viel mehr Kraft kosten als eine Fahrradreparatur. Das darf so sein.

Heute bin ich nicht mehr platt, sondern lebensfroh unterwegs. Habe Fahrt aufgenommen. Trotzdem gibt es neue Dennnochs zu bestehen. Herausforderungen und Schwierigkeiten bleiben nicht aus. Ich möchte bereit sein, denn mein großes Dennoch hat mich zwei Dinge gelehrt: Liegen bleiben lohnt sich nicht! Und: Gott bewältigt auch komplizierte Reparaturen.

MIT DIR

Der das Verlorene sucht,
das Verirrte nach Hause bringt,
das Verwundete verbindet,
das Schwache stärkt,
das Glimmende nicht löscht
und das Geknickte nicht bricht
– er ist mit dir!

13 Dennoch kann mich nichts von dir trennen

SIBYLLE LIMBECK

Dennoch bleibe ich stets an dir.« Als ich diesen Vers aus Psalm 73 hörte, ging es mir durch Mark und Bein. Ich wusste in diesem Moment, meine Freundin wird sterben.

Aber der Reihe nach. Als ihre dritte Tochter etwa ein Jahr alt war, wurde bei meiner Freundin Brustkrebs diagnostiziert. Es folgten eine Operation, mehrere Chemos und was alles so zu einer Krebstherapie gehört. Wir waren fassungslos und tief betroffen. Meine Freundin aber strahlte eine Hoffnung und innere Stärke aus. Sie erfüllte sich einen Kindheitstraum und fing wieder an zu reiten. Wir waren zusammen in der Reitgruppe. Nach einer dieser Reitstunden sagte sie zu mir: »Wenn ich vom Pferd steige, schwebe ich noch drei Tage über der Erde.« Diese besondere Zeit genossen wir beide sehr, da uns die Leidenschaft für die Pferde noch tiefer verband.

Sie liebte und wertschätzte die kleinen Dinge im Leben. So waren wir einmal zusammen Brot kaufen. Meine Freundin bewunderte die schön angerichteten Brote im Regal. Die Verkäuferin, die uns bis dahin gleichgültig bedient hatte, strahlte übers ganze Gesicht und unterhielt sich freudig mit uns. Da war mir meine Freundin ein echtes Vorbild. Ich versuche seitdem, aufmerksamer im Umgang mit anderen zu sein und auch die kleinen Dinge zu sehen.

Sie schenkte mir Pastellkreide, da sie ein Bild so schätzte, das ich in einem Workshop gemalt hatte. Sie war der Meinung, ich sollte da dranbleiben.

Einmal, nach dem gemeinsamen Singen im Hauskreis, sagte sie zu mir: »Sibylle, du singst so schön.« Ich war total perplex, das hatte noch nie jemand zu mir gesagt. Dank dieser Ermutigung singe ich nun schon seit Jahren im Chor.

Meine Freundin war ein ganz besonderer Mensch. Sie bedeutet mir unendlich viel. Sie konnte in meine Seele schauen. Das können nur wenige Menschen.

Als ihre Krankheit weiter fortschritt, brauchte sie Hilfe im Haushalt. So unterstützte ich sie und ihre Familie als Haushaltshilfe. Ihr war es sehr wichtig, in dieser Zeit eine gemeinsame Pause einzulegen, in der wir in der Bibel lasen und zusammen beteten. Manchmal fiel es mir schwer, diese Pausen auszuhalten, wenn die Arbeit wartete. Aber sie bestimmte diese Zeit. Sie sagte, wann es weiterging.

Der Sommer kam und eine Kur, die ich mit meiner Familie auf einer Nordseeinsel verbringen wollte, rückte näher. Bei meinem letzten Einsatz vor der Abreise betete ich darum, dass wir uns wiedersehen dürfen. Sie bekräftigte es mit einem: »Ja!«

So fuhren wir in den Urlaub. Es war ein heißer Sommer, die Sonne schien täglich, wir waren jeden Tag am Strand und genossen die unbeschwerte Zeit als Familie. Wir hatten keine Telefonnummer hinterlassen. Wozu auch? Es war ja alles im grünen Bereich. Ein Handy hatten wir nicht.

An einem Sonntag besuchten wir einen Gottesdienst. Der Pfarrer las Psalm 73 und bei Vers 23 traf mich die Gewissheit, dass meine Freundin stirbt. Mein Verstand sagte mir, dass das nicht sein kann. Sie hatte zwar abgebaut, aber doch nicht so stark. Das konnte nicht sein, das bildete ich mir doch nur ein. Es dauerte zwei Tage, in denen ich innerlich mit mir rang. Ich sprach es nicht aus, sondern trug es nur in mir. Dann entschied ich mich, bei meiner Freundin anzurufen. Einfach mal ein Hallo aus dem Urlaub, dann könnte ich diese Gedanken getrost zur Seite legen. Ich rief an und es meldete sich eine Bekannte aus dem Dorf. Sie teilte mir mit, dass meine Freundin im Krankenhaus lag und am Tag darauf zum Sterben ins Hospiz kommen sollte. Die Nachricht war hart, aber ich hatte es ja tief in mir drin gewusst. Ich war vorbereitet. Ich überbrachte meiner Familie die Nachricht und meine Tochter, damals 15 Jahre alt, sagte: »Du musst zu ihr fahren und ich komme mit!« Das haben wir dann auch getan. Erst mit der Fähre, dann mit Zug und Bus direkt ins Hospiz.

Meine Freundin war nicht mehr bei Bewusstsein. Es tat gut, da zu sein, die Familie und Freunde zu sehen. Zusammen standen wir fassungslos da, weinten, fanden keine Worte. Dann waren ihr Bruder und ich mit ihr allein im Zimmer. Ich sprach mit ihr und fuhr dabei mit einem feuchten Lappen über ihre Stirn und Wangen. Da öffnete sie ihre Augen, strahlte übers ganze Gesicht, wie sie es immer tat, und hob ihre Hand an meinen Hals. Dann fiel der Arm zurück, die Augen gingen zu, sie war nicht mehr bei Bewusstsein. Es war vielleicht eine Sekunde, in der sie wach war, aber wir haben uns gesehen. Es war ein unbeschreiblicher Moment. Jetzt, wo ich dies niederschreibe, laufen mir noch die Tränen übers Gesicht. Es war ein echtes Geschenk Gottes. Wir haben uns wiedergesehen und Abschied genommen. Alles in einem kurzen, geschenkten, liebevollen, friedlichen Moment. Ich würde sogar sagen, es war ein heiliger Moment. Am nächsten Tag ist sie gestorben.

Ich bin Gott unendlich dankbar, dass er mir diesen Abschied geschenkt hat. Er sprach zu mir durch diesen Vers im Gottesdienst. Er schenkte mir nicht nur die Erkenntnis, dass meine Freundin sterben würde, sondern gab mir auch Trost und Halt. Gott sagte mir, was ich tun sollte – nämlich dennoch bei ihm bleiben. Dieser schwere Verlust kann mich nicht von ihm trennen. Ich spürte: Gott zog mich näher an sich heran.

Monate später traf ich eine Freundin und im Gespräch stellte sich heraus, dass sie in der Zeit des Sterbens und der Beerdigung auch in Urlaub war. Sie wurde nach ihrer Rückkehr mit der Nachricht vom Tod unserer gemeinsamen Freundin vor vollendete Tatsachen gestellt. Aber im Gegensatz zu mir war es für sie so genau richtig und von Gott barmherzig gelenkt. Ich war sehr erstaunt, denn für mich war das Abschiednehmen und die Teilnahme an der Beerdigung extrem wichtig. Für mich wäre es sehr schlimm gewesen, wenn ich diese Gelegenheit nicht bekommen hätte. Wir beide staunten sehr über Gottes Handeln, für jede von uns hat er es genau passend geführt.

Denn ich bin ganz sicher:
Weder Tod noch Leben,
weder Engel noch Mächte,
weder Gegenwärtiges noch Zukünftiges
noch irgendwelche Gewalten,
weder Hohes noch Tiefes
oder sonst irgendetwas auf der Welt
können uns von der Liebe Gottes trennen.

RÖMER 8,38

14 Dennoch hältst du zu mir

JUTTA BAMBERGER

S ie meldet sich einfach nie! Immer muss ich anrufen oder schreiben. Immer muss ich den ersten Schritt tun. Da kommt sonst gar nichts. Ich bin das leid!« Und so gehen die Monate und Jahre dahin. Die ehemals herzliche Beziehung schläft ein, erkaltet. Da ist jemand, der enttäuscht ist, und jemand, der das so gar nicht wollte, aber nicht aus seiner Haut konnte. So oder so ähnlich kennen das viele Menschen.

Natürlich gibt es Freundschaften und Beziehungen, die kommen und gehen. Man kann nicht alle Kontakte aufrechterhalten, die sich im Laufe der Jahre ergeben haben. Die ehemaligen Kollegen, die man durch einen Stellenwechsel nicht mehr sieht. Oder die alten Schulfreunde. Jeder lebt sein Leben mit all den Verantwortungen. Und dennoch gibt es die tiefen Freundschaften, die es durch viele Jahre schaffen. Da ist es auch nicht so bedeutsam, wer den ersten Schritt geht zur Kontaktaufnahme. Und das tut gut! Zu wissen, egal ob das jetzt erst letzte Woche war oder ein halbes Jahr vergangen ist – es gibt die Freundschaften, die ein Dennoch verkraften, ein »ungeachtet der Umstände«.

Genau so ist es bei unserem Vater im Himmel. Und bei ihm ist sogar noch viel mehr Dennoch! Auch wenn ich ihn enttäusche, keine Zeit habe für ihn, mich entferne oder ihn sogar verleugne. Dennoch hält er mir seine Hand entgegen und sagt: Du bist mein geliebtes Kind. Wie sollte ich dir nicht vergeben können, wenn du mich darum bittest?

Ist das nicht großartig? Ich, Mensch, enttäusche dich, Schöpfer, und du hältst dennoch zu mir! Auch wenn ich denke: Wo ist Gott in meiner Not, in den langen, kräftezehrenden Arztbesuchen, in den verletzenden Situationen am Arbeitsplatz oder in meiner Partnerschaft? Auch wenn ich es dann nicht fühle, er ist dennoch da! Denn – konzentriere ich mich wieder auf das Zentrum, auf den Schöpfer, und nähere ich mich ihm aktiv, so werden die Fliehkräfte geringer, die mich von ihm wegziehen wollen, die mich ins Straucheln bringen. Wie bei einem Wagenrad! Der Ort, an dem die Fliehkräfte am geringsten sind, ist die Achse, das Zentrum – bei Gott! Er wird dieses Dennoch immer und immer wieder zu mir sagen. Egal, was passiert. Dieses Dennoch trägt durch, wartet auf mich, will mich trösten und stärken. Und darum ist jedes Dennoch so wertvoll!

In der Vergangenheit hatte ich erfahren, dass enttäuschte
Hoffnungen immer auch eine Chance sind.
Sie können mir zeigen, dass ich mein Vertrauen auf das
falsche Pferd gesetzt habe.
Sie weisen mich darauf hin, dass nichts in dieser Welt
meine innere Leere wirklich füllen kann.
Meine Suche nach Zufriedenheit und Erfüllung
bleibt zwangsläufig erfolglos,
wenn ich all dies nicht in Jesus selbst suche.
Er ist derjenige, der meine tiefsten Wünsche kennt
und in der Lage ist, meinen Hunger nach echtem Leben
und wahrer Freude dauerhaft zu stillen.

NATALIE MEYER

15 Dennoch gehe ich

BETTINA PLÖTNER

Sind Sie schon mal ins Ungewisse gefahren? Zuweilen ist eine Fahrt ins Blaue ja ganz reizvoll: Ungeahntes, Ungesehenes, einfach mal schauen, was sich so ergibt ...

Vor sechs Jahren kam unsere Familie aus Kanada zurück und diese Rückkehr war für mich ein Aufbruch ins Ungewisse, obwohl ich doch in mein Heimatland zurückkehrte. In Montréal hatten wir als Familie fünfeinhalb Jahre gelebt. Mehr noch: Noch nie in meinem Leben habe ich mich so angekommen gefühlt wie dort. Diese weltoffene, mehrsprachige Kultur dieses einzigartigen Landes hat uns sehr gefallen. Die Kinder genossen die internationale Atmosphäre der Schule, waren schnell in drei Sprachen zu Hause. Die People's Church wurde in kürzester Zeit unser geistliches Zuhause, in dem wir uns sehr wohlfühlten und aktiv mitarbeiteten.

Dann lief der befristete Auslandsvertrag meines Mannes aus. Immer wieder haben wir mit Freunden aus der Gemeinde dafür gebetet, dass Gott eine Verlängerung schenken möge, aber es ergab sich nichts. Mein Mann entschied sich, ein neues Jobangebot in Deutschland anzunehmen.

Ich merkte, wie ich alles, was mit dieser Rückkehr zusammenhing, innerlich ablehnte und es mir sehr schwerfiel, diese Führung anzunehmen. Ich fühlte mich ausgebrannt, traurig und unverstanden.

Und so zeichnete sich der Neuanfang innerhalb Deutschlands ab: Die neue Arbeitsstelle meines Mannes sollte in einer Region sein, in der ich noch nie zuvor war und zu der ich auch sonst keinerlei Bezug hatte. Unsere Familie und Freunde lebten weit entfernt – welchen Unterschied machte es, ob ich acht Stunden von Kanada aus flog oder acht Stunden mit dem Auto quer durch Deutschland fahren musste, um sie zu sehen? Ich fühlte mich gescheitert, gestrandet und heimatlos.

All die anderen Familien in unserem Freundes- und Bekanntenkreis, die ebenfalls zur gleichen Zeit mit uns nach Deutschland heimkehrten, berichteten erleichtert und freudig von ihren neu erworbenen Häusern, den bereits geschlossenen Musikschulverträgen für ihre Kinder und auch sonst schien bei ihnen alles wie am Schnürchen zu laufen. Mit solch perfekten Aussichten konnte ich nicht aufwarten.

Unsere größte Herausforderung war es, ein passendes Haus zu finden. Wir hatten genau vier Wochen Zeit, um etwas geeignetes für uns zu finden. Dann lief die Nutzung einer kleinen Dienstwohnung aus. Unser Irischer Wolfshund schränkte die Suche erheblich ein.

Ich merkte, wie neben meiner Trauer immer mehr die Angst wuchs und Druck in mir erzeugte, jetzt, hier, sofort ein Ergebnis herbeiführen zu müssen.

In dieser Zeit kamen mir immer wieder zwei Bibelverse in den Sinn. Der erste war Psalm 31,9: »Du stellst meine Füße auf weiten Raum.« Das hat mich immer wieder beruhigt und gestärkt. Es war mir eine große innere Stütze und gab mir Halt und Kraft. Wie gut, dass Gott die Fernsicht hat und genau weiß, was wir bedürfen. Das zweite Bibelwort, das mir in dieser Zeit viel Kraft gegeben hat, begleitet mich seit meinen Kindertagen und hängt in meinem Elternhaus bis heute als Holzschild im Flur: »Ich will dich nicht verlassen noch versäumen« (Hebräer 13,5–6).

Es kam der große Tag der Immobilienbesichtigung. Am Morgen überraschte mich mein Mann mit der Mitteilung, noch einen weiteren Termin gebucht zu haben, und dieser sollte auch gleich als Erstes stattfinden, da die Familie noch am selben Tag für zwei Jahre beruflich nach Südafrika ausreisen wollte. Ich war verwirrt: Genau dieses Haus hatte ich bei meiner Recherche in Kanada bereits mehrere Male im Internet angeschaut, aber dann doch nicht weiter in Betracht gezogen.

Dann war ich einfach nur noch beschämt und erstaunt: All unsere Wünsche trafen sich in diesem Haus. Der große Hund, der sonst immer ein Problem war, wurde freundlich akzeptiert. So schlossen wir einen zweijährigen Mietvertrag. Die Zeit verging sehr schnell und wir haben uns sehr gut eingelebt in unserer neuen Heimat. Die Rückkehr der Vermieter rückte näher und so mussten wir von vorn beginnen: ein neues Zuhause finden, möglichst im gleichen Stadtteil, bezahlbar...

Erste Besichtigungstermine verliefen erfolglos. Ich fragte mich, warum alles ins Leere ging. Was, wenn es nicht klappte? Mussten wir schon wieder irgendwo neu anfangen? Die Ängste und der Druck kamen zurück. Immer öfter konnte ich nachts nur noch wenige Stunden schlafen. So auch in dieser: Es war vier Uhr morgens. Ich war von Ängsten geplagt und verzweifelt. In meiner Angst betete ich: »Lieber Herr Jesus, du bist unser Friede. Bitte gib du mir Frieden in mein Herz. Dir will ich vertrauen, dass du es gut machst. Bitte schenke uns das rechte Zuhause. Zeige du es uns.«

Dann stand ich auf und löschte alle Immobilien-Newsletter, die mich in letzter Zeit auf der verzweifelten Suche, das Passende finden zu müssen, beherrschten.

Als ich das getan hatte, spürte ich, dass eine Last von mir genommen war. Ich spürte Frieden in mir. Jesus, ich habe an dich abgegeben. Bitte führe du.

Nach einiger Zeit teilten uns unsere Vermieter mit, dass sie bis auf Weiteres im Ausland bleiben würden und dort ein Haus kaufen wollten. Bis heute sind wir in dem Haus, das Gott für uns von langer Hand ausgesucht und bereitgestellt hat.

Diese Erfahrung von Gottes großer Treue, seinem Handeln in Weitsicht und Güte hat mein Leben nachhaltig verändert. Es geht eine ungeahnte Kraft aus, wenn wir unsere Anliegen Gott anvertrauen und an ihn abgeben. Gottes Zeitplan ist oft anders als unserer, aber er schenkt den Frieden, unter der Belastung zu bleiben, bis sich Wege – oder Türen auftun.

Die Erfahrung, dass er sich unser annimmt und uns nie verlässt, erfüllt mich bis heute mit Demut und ist mir eine belebende Freude. Wer ihm dennoch vertraut, erlebt Wunder. Wer ihm dennoch vertraut, erlebt Ungeahntes.

Ich weiß nicht, wohin Gott mich führt, aber ich weiß, dass er mich führt

GORCH FOCK

---

16 Dennoch Gottes Möglichkeiten sehen

DANIELE BEACA

Kopfschmerzen, Migräne – seit ziemlich genau 30 Jahren. In Spitzenzeiten, aber Gott sei Dank nur über wenige Monate hinweg, jeden zweiten Tag. Schmerztherapie, Rehamaßnahmen, Krankengymnastik und so weiter ... Ich erinnere mich an so manche quälende Lebenssituation, mein Leben wirkt eingeschränkt. Auch meine Seele hat gelitten, da ist die Angst vor neuen Schmerzen – ein Kreislauf. Wenn es doch nur so einfach wäre und die eine Schmerztablette oder das eine Gebet alles lösen würde. Ein komplexes Thema! Wie oft habe ich schon salopp gesagt:»Ich würde nur meinen Kopf austauschen wollen!« Oder:»Ich freue mich auf den Himmel ohne lebensmüde zu sein, auf ein Leben ohne Schmerzen.«

Ach ja, und da sind die vielen Tipps von Freunden, Bekannten und Verwandten, wie man doch die Schmerzstörung in den Griff bekommen könnte. Lieb gemeint, doch zeitweise auch ganz schön frustrierend.

Dennoch: Ich liebe Jesus! Mehr als früher, ich habe ihn tiefer kennengelernt. Er bedeutet mir alles! Vor wenigen Jahren habe ich den Ausstieg aus dem Berufsleben gewagt und eine Bibelschule besucht. Eine meiner besten Lebensentscheidungen, finde ich. Zum Beispiel durfte ich tiefer erkennen, dass meine Identität nicht in meiner Leistung liegt, in Perfektion oder darin, ob Menschen mich mögen oder ablehnen, sondern in der schlichten Wahrheit, dass ich ein geliebtes Kind Gottes bin! Innerlich begannen Heilungsprozesse. Jesu Kraft zur inneren und äußeren Heilung ist real – gestern, heute und in Zukunft. Das ist mein Glaube! Ich habe Heilung nach Gebet erlebt sowie Rückschläge. Aktuell geht es mir besser und dafür bin ich sehr dankbar.

»Dennoch« bedeutet für mich: Trotz aller körperlicher und seelischer Schmerzerfahrung halte ich an der Wahrheit fest, dass meinem Gott nichts unmöglich ist! Sonst wäre er ja nicht Gott, oder? Auch trotz meines Nichtverstehens, warum oder auch wozu diese Schmerzen mich schon so lange begleiten. Und trotz der Frage, ob ich etwas anders hätte machen sollen und ob ich dann Schmerzfreiheit erlebt hätte.

Das Leben mit Jesus ist ein Abenteuer und ich möchte immer bereit sein, mich von ihm überraschen zu lassen – jeden Augenblick! Mein winziger Senfkorn-Glaube reicht, da Gottes Größe unbeschreiblich meiner Begrenztheit auf allen Ebenen gegenübersteht. Da bin ich sicher! Kommen wir einfach nur zu ihm, mit allem, was uns bewegt, er wartet. Jesus ist gekommen, damit wir in allen Herausforderungen unseres Lebens dennoch Frieden haben können – wie wunderbar!

Manchmal denkt man,
Gott müsste einem
in all den Widerständen des Lebens
ein Zeichen geben,
das einem hilft.
Aber dies ist eben das Zeichen:
dass er einen durchhalten
und es wagen
und es dulden lässt.

JOCHEN KLEPPER

Ja, meinen Frieden gebe ich euch – einen Frieden, den euch
niemand sonst auf der Welt geben kann.

JOHANNES 14,27

17 Dennoch bewahrt

HELMUT BLATT

V or Gott weggelaufen bin ich bis zu meinem 21. Lebensjahr.
Bis, ja bis ich endlich nachts, während eines Wachdienstes
bei meinem Militärdienst bei der Luftwaffe, Gott endlich die
Chance gab, Herr in meinem Leben zu werden. Eine Entschei-
dung, die ich 1971 treffen durfte, und nie bereut habe.
Dabei war mein Leben manchmal nah am Tod angesiedelt.
Mehrmals blieb ein Auto reifenquietschend direkt vor mir ste-
hen, wenn ich als Junge hinter dem Ball auf die Straße lief.
Im Garten war unsere Jauchegrube nur mit einem morschen
Holz abgedeckt. Da ich wenig vorsichtig und noch weniger um-
sichtig war, lief ich nichtsahnend darüber und brach ein. Ein
Wimpernschlag zwischen Leben und Tod. Instinktiv breitete
ich meine Arme aus und verhinderte damit mein frühzeitiges
Ableben im Alter von neun Jahren.

Eine besondere Gefahrenquelle war meine stete Hektik und
meine innere Unruhe. So hatte ich es immer eilig. Auch an diesem Nachmittag, als ich von meinem Militärdienst übers Wochenende in die Heimat fuhr. Ich brachte noch schnell einen
Kameraden nach Hause und dann sollte es wieder beginnen,
das Leben mit Freunden, Rockmusik und Alkohol. Jede Sekunde war kostbar und so war das Warten vor einer Signalanlage
an einem unbeschrankten Eisenbahnübergang mir nicht so
ganz einsichtig. Ich war noch etwas über 100 Meter entfernt,
als die Warnleuchte anfing zu blinken. Das könnte ich noch gut
schaffen, dachte ich. Und so gab ich Gas, zu viel Gas. Den Bahn-
übergang überquerte ich noch kurz vor dem Zug. Aber der Wa-

gen brach hinten aus und ich steuerte zu viel gegen, um nicht einen Abhang hinabzufahren. So fuhr ich mit entsprechender Geschwindigkeit gegen eine Böschung. Das Auto drehte sich in der Luft um die eigene Achse und ich flog kopfüber über den Beifahrersitz an die Böschung. Bis auf den Fast-Totalschaden gab es nichts zu beklagen. Erst Jahre später, zeigte Gott mir noch einmal den Unfall im Zeitlupentempo. Und ich spürte regelrecht, wie mich eine für mich damals nicht definierbare Macht ganz sanft an die Böschung legte. Deshalb also keine Prellung, keine Schürfwunde, nichts. Mehrere Autounfälle sollten noch folgen.

Für viele andere Familienmitglieder ging es nicht so glimpflich aus. Mein Neffe und mein Cousin starben beide mit 19 Jahren bei einem Verkehrsunfall. Ebenso mein Großvater als Vater von zwölf Kindern und auch mein Onkel, der sieben Kinder hatte. Es war bei uns wie ein Fluch.

Über eines bin ich mir jedoch sehr sicher. Mir selbst konnte ich all die Bewahrung nicht zuschreiben. Auch nicht, als ich zwei Jahre später, also mit 23 Jahren, bei einem Arbeitseinsatz mit einer schweren Walze bergab ins Rutschen kam und sie nicht umkippte, sondern an einem Baum zum Stehen kam. Fünfzig Jahre bin ich nun schon als Prediger des Evangeliums deutschlandweit unterwegs und habe eine Menge an Bewahrung erlebt. Unter anderem wieder bei einem Unfall mit Totalschaden auf der Autobahn. Diesmal saßen unsere vier kleinen Kinder im Auto.

Ich habe keine Erklärung dafür, warum ich heute 71 Jahre alt sein darf. Egal ob ich in Indien, Äthiopien, Brasilien oder Russland zum Dienst für Jesus unterwegs war, es war immer eine schützende Macht über mir. Ab und zu meinte ich zu spüren, dass da jemand großes Interesse daran hatte, mich lahmzulegen und auszuschalten. Aber da war ein noch Größerer, der sein Dennoch über mir ausgesprochen hatte. Und von diesem Dennoch Gottes lebe ich, gerade auch wegen meiner Fehlerhaftigkeit und all meiner Mängel. Er hat an mir festgehalten und bei mir ausgehalten. Er hat mich in seinen Dienst gestellt. Er hat mir die wunderbarste Nachricht für diese Welt anvertraut: die Botschaft von der Liebe und Versöhnung mit Gott, von der ich selbst Tag für Tag lebe.

Meine Erfahrung bis heute ist: Gott will uns Menschen dennoch – egal, was auch von unserer Seite dagegensprechen könnte oder wo andere gegen uns Einspruch erheben. Und dafür bin ich Jesus Christus so unendlich dankbar, dass da, wo meine Sünde, mein Zu-kurz-kommen, groß und bestimmend wurden, etwas noch weitaus größer und bestimmender war: seine Begnadigung, die er über mein Leben ausgesprochen hat, sein Dennoch. Und so spreche ich mit großer Überzeugung immer wieder die Worte aus Psalm 27,1: »Der Herr ist mein Licht und mein Heil; vor wem sollte ich mich fürchten? Der Herr ist meines Lebens Kraft; vor wem sollte mir grauen?«

Du hast mir immer geholfen; unter deinem Schutz bin ich geborgen; darum kann ich vor Freude singen.

PSALM 63,8

---

18 Dennoch getragen und geführt

HANNAH KLINKERT

Seit meiner Kindheit war es mein Traum, Polizistin zu werden. In der Schulzeit habe ich Praktika bei der Polizei absolviert und als das Abitur bevorstand, ging meine einzige Bewerbung an die Polizei. Es gab keinen Plan B. Warum sollte es auch nicht funktionieren?

Doch ich wurde nicht einmal zu einem Einstellungstest eingeladen. Wegen einer Operation am Kopf einige Jahre zuvor galt ich nun als polizeidienstuntauglich.

Die Enttäuschung war groß, aber ich hatte bald schon einen neuen Plan. Statt der Ausbildung bei der Polizei folgte meinem Abitur nun ein Freiwilliges Soziales Jahr beim Rettungsdienst. Zunächst war ich mir sicher, dass ich nach diesem Jahr die Ausbildung zur Rettungsassistentin machen und dann in diesem Beruf bleiben würde. Doch nach ein paar Monaten sah wieder alles ganz anders aus.

Nach vielen Gesprächen und Überlegungen mit meinem damaligen Freund (jetzt Ehemann) entschieden wir uns beide für ein Theologiestudium.

Studieren! Etwas, das eigentlich nie Teil meines Lebensplans war. Mittlerweile haben wir beide unser Studium beendet, werden unsere Heimat verlassen und als Menschen vom Land ein neues Kapitel in einer Großstadt im Ruhrgebiet beginnen. Nichts, aber auch wirklich nichts ist so gelaufen, wie ich es mir vorgestellt habe. Ich wollte für immer auf dem Land leben, konnte mir ein Leben in der Großstadt beim besten Willen nicht vorstellen und jetzt ziehen wir in eine 500.000-Einwohner-Stadt. Statt als Polizistin zu arbeiten werde ich nun hauptberuflich Gottes Reich bauen.

Dass nichts nach (meinem) Plan gelaufen ist, war mit viel Enttäuschung und Frustration verbunden, aber jetzt kann ich mit großer Sicherheit sagen, dass Gott mich dennoch getragen hat.

Trotz meiner Unsicherheit, wie es weitergehen könnte und wo ich einmal landen werde, weiß ich dennoch, dass Gott einen Plan für meinen Lebensweg hat und er ihn mit mir geht.

AM NEUEN UFER

Wohin du auch gehst
Du gehst nie allein
Denn er wird immer
Bei dir sein

Was du auch loslässt
Gib es ruhig hin
In seine Hände
Das ist Gewinn

Wenn alles vergeht
Verweht wie der Wind
Das Eine ist sicher:
Du bleibst sein Kind

Wo du auch ankommst
Dort wartet schon er
Am neuen Ufer
Steht der Herr

ROLAND WERNER

19 Dennoch verbunden

ANKE KAISER

In meiner Kindheit hatten wir einen großen Garten mit drei alten Apfelbäumen. Den größten Baum bewohnte im Sommer ein kleiner Gartenzwerg, der auf einer Schaukel saß. Mein Opa hängte ihn jedes Jahr im Mai dort hin und im Oktober kam er zurück auf den Dachboden. Hier wartete der putzige Kerl dann den ganzen Winter darauf, endlich wieder sein Plätzchen im Garten einzunehmen.

Für uns Kinder gehörte er einfach dazu. So wie die Erbsensträucher, die Johannis- und Stachelbeeren, von denen meine Schwester und ich so gerne naschten. Über den kleinen Zwerg im Baum freuten sich alle. Bei einem leichten Windstoß oder Anschubser schaukelte er stets vergnügt mit einem breiten Grinsen auf dem Gesicht durch die Sommerzeit.

Irgendwann ist er dann aber für viele Jahre aus meinem Leben verschwunden. Als ich mit meiner Mutter einmal auf dem Dachboden war, entdeckte ich ihn auf den alten Bohnenstangen und wir hängten ihn für den Sommer in einen der mittlerweile neu gepflanzten Apfelbäume. Im Herbst verschwand er wieder auf dem Dachboden.

Von dort nahm ich ihn irgendwann mit zu mir und hängte ihn in meiner Garage auf. Hier sehe ich ihn jeden Tag, wenn ich ins Auto steige. Er erinnert mich an meine Kindheit und Jugendzeit.

Meine Kollegin und ich haben uns erst spät kennengelernt, unsere berufliche Tätigkeit hat uns zufällig zusammengeführt, ansonsten wären wir uns wahrscheinlich nie über den Weg gelaufen. Es ist spannend, wenn man sich in einem Café das erste Mal trifft, künftige Unterrichtseinheiten bespricht und rein gar nichts voneinander weiß. Wir sollten als Team zusammenarbeiten, obwohl wir uns nicht einmal gesehen, geschweige denn gesprochen hatten. Kann das gut gehen?

Unser »erstes Date« lief von Beginn an sehr gut, wir hatten gleiche Vorstellungen und konnten am Ende dieses Treffens mit Überzeugung sagen, dass eine Zusammenarbeit klappen würde. Wir sind sehr unterschiedliche Personen, dennoch haben wir uns im Laufe der Zeit immer besser kennen und schätzen gelernt. Wir merkten schnell, dass wir uns trotz unserer Verschiedenheit in vielem ergänzen. Ganz selten trifft man einen solchen Menschen im Leben.

Du weißt, wie sehr wir der Freundschaft bedürfen.
Gib, dass ich diesem schönsten,
schwierigsten, riskantesten und zartesten
Geschenk des Lebens gewachsen bin.

ANTOINE DE SAINT-EXUPÉRY

Als mich meine Kollegin einmal besuchte, entdeckte sie beim Abschied den Gartenzwerg auf seiner Schaukel. Die Freude war groß, denn Sie hatte in ihrer Kindheit ebenso diesen Zwerg im Garten und erzählte davon. Die Geschichte glich der meinen. Doch ihr kleiner Kerl war im Laufe der Jahre abhandengekommen. Ich nahm mir vor, ihr ein ähnliches Exemplar zu besorgen. Die Beschaffung gestaltete sich jedoch schwierig. Ich durchsuchte diverse Kleinanzeigen-Portale und wurde kurz vor Weihnachten fündig. Der Wicht kam schließlich aus Süddeutschland und war in einem ähnlichen Erhaltungszustand wie mein Retro-Zwerg.

Als ich ihr das Geschenk überreichte, war sie zuerst einmal verblüfft und hat sich dann riesig gefreut.

Der kleine Gartenzwerg schmunzelt und schaukelt nun schon seit 50 Jahren – und erinnert uns beide immer wieder daran, dass auch zwei unterschiedliche Charaktere dennoch Gemeinsamkeiten haben und sich wunderbar ergänzen können. Ich bin sehr dankbar für diese Erfahrung und für unsere gemeinsame Kindheitserinnerung.

20 Dennoch ein ganz besonderer Niki-Tag

MIRJAM HENTSCHEL

Mittwochs ist Niki-Tag, da bin ich bei meiner jüngsten Schwester Nadine. Genauer bei ihrem und Christians Sohn Niklas, meinem Patenkind. Seit seiner Geburt ist der Mittwoch unser Tag. Jetzt ist er sieben Jahre alt, in drei Monaten hat er Geburtstag. Drei Monate sind für mich eine lange Zeit und wahrscheinlich mit einigen Infusionstherapien verbunden.

Die Kinder in unserer Familie machen das klasse. Sie wissen, dass mir körperlich viel weniger möglich ist als anderen Erwachsenen, zum Teil weniger als ihnen selbst und dass meine Sauerstoffflasche immer mit dabei sein muss. Meine Lunge ist durch eine angeborene Erkrankung immer anfälliger und schwächer geworden. Laufen, Treppe steigen, Staubsaugen, Socken anziehen und vieles mehr fällt mir trotz Sauerstoffzufuhr zunehmend schwerer.

Kurz nach Nikis Geburt habe ich die Sauerstoffflasche verordnet bekommen. Ohne die künstliche Zufuhr war meine Lunge nicht in der Lage, meinen Körper ausreichend mit Sauerstoff zu versorgen.

Alleine sein fällt mir seit geraumer Zeit sehr schwer. Wenn die Atemnot kommt, kann zwar niemand helfen, trotzdem ist es beruhigend und tröstlich zu wissen, dass jemand bei mir ist. Wenn mein Mann auf der Arbeit ist, bin ich bei meinen Eltern, Schwestern, Freundinnen oder am Pferdestall. Überall habe ich Anlaufpunkte und Ansprechpartner.

Am Pferdestall, besser gesagt auf dem Pferderücken, getragen durch den Wald, umgeben von meinen Reitschülern oder Patienten, geht es mir oft am besten. Die frische Luft und die Bewegung der Pferde helfen meiner Lunge, entspannen die Muskeln und trainieren mich. Die Gemeinschaft und die Akzeptanz meiner Schwäche und der immer an mir hängenden Sauerstoffflasche sind für meine Seele gut. Und mittwochs bin ich bei Nadine und Niklas, oft ist Nikis kleine Schwester Helen dabei und manchmal ist auch Christian früher von der Arbeit da.

Wir sind schon zum Mittagessen verabredet. Heute gibt es das Kinderlieblingsgericht Spaghetti mit Tomaten-Hackfleisch-Soße. Nach dem Essen bringt Nadine Helen in den Kindergarten. Helen hat Schulkinder-Nachmittag. Niki und ich wollen in der Zeit Hausaufgaben machen. Da geht das Telefon.

Oft haben mein Mann Eckhard und ich, meine Eltern und Schwestern oder ich mit unseren Mitarbeitern auf der Reitanlage dieses Telefonat im Kopf durchgespielt und darüber geredet. Aber wenn es so weit ist, ist es ein Schock.

Es ist mein Arzt aus der Gießener Uniklinik: »Frau Hentschel, es ist so weit. Wir haben eine passende Organspende für Sie. Bitte halten Sie sich in den nächsten 30 Minuten bereit, dann bekommen Sie nochmal eine Bestätigung von uns. Aber alles sieht sehr gut aus, Sie können sich schon mal bereithalten um in die Klinik zu kommen.«

Ich sitze wie unter einer Glocke auf meinem Stuhl, mit dem Telefon in der Hand. Was jetzt? Die Gedanken rasen durch meinen Kopf. Was ist zuerst zu tun? Eckhard anrufen, er muss von der Arbeit kommen. Ist der Koffer, der seit über einem Jahr vorbereitet ist, mit allem ausgestattet? Ein Stoßgebet: »Vater, steh mir zur Seite, ich hab Angst!« Die Eltern anrufen. Alle Ordner für meine eingearbeiteten Ersatzmitarbeiterinnen hinlegen.

Tina Bescheid geben, sie muss sich um die Hunde kümmern. Meine Schwester Angie am Pferdestall braucht dringend Bescheid, ich falle ja jetzt auf unbestimmte Zeit aus – oder für immer? Wird alles gut gehen?

Und dann steht mein Niki vor mir: »Mimam, spielst du mit mir Carrera Bahn?«
Die Carrera Bahn steht in seinem Zimmer im Dachgeschoss. Monatelang habe ich diese Treppen schon nicht mehr geschafft, außerdem gibt es doch jetzt wirklich Wichtigeres zu tun. Doch ist nicht vielleicht jetzt die Zeit mit ihm genau der Ruhepunkt, den ich die nächsten 30 Minuten brauche?
»Ja, mein Schatz. Wir zwei spielen jetzt erst mal zusammen Carrera Bahn.« Habe ich das wirklich gesagt?
Mit höchster Sauerstoffstufe, im Schneckentempo und mit Pausen arbeite ich mich die Treppe bis zu seinem Zimmer hoch. Dort zeigt er mir einige Manöver, die er jetzt kann, und wir liefern uns ein Rennen. Bei dem ich zum Glück sitzen kann. Er gewinnt natürlich haushoch.
Meine Schwester Nadine kommt vom Kindergarten zurück und ich bin völlig ruhig. Niki und ich gehen wieder hinunter, ich erzähle Nadine von dem Telefonat und unserem Rennen. Ich glaube, sie schüttelt heute noch den Kopf darüber.
Der Anruf zur Bestätigung kommt, ich informiere meinen Mann und dann greifen die vorbereiteten Rädchen eins ins andere. Ohne Hektik und Angst.

Knapp drei Monate später haben wir gemeinsam, mit neuer Lunge, Nikis Geburtstag voller Lebensfreude und einer riesengroßen Dankbarkeit gefeiert.
Heute, 7 Jahre später, ist Niki 15 Jahre alt. Ein junger Mann mit vielen Interessen, einem festen Freundeskreis, sportlich mit dem Bike über Stock und Stein unterwegs. Doch unseren

Niki-Tag gibt es tatsächlich immer noch und der Weg zur Carrera Bahn ist für Niklas und mich ein wichtiger Bestandteil unserer engen Beziehung, auch heute noch. Wir unternehmen viel miteinander. Wir fahren Tandem oder er zeigt mir Kunststücke mit seinem Bike. Lange Spaziergänge an der Lahn zusammen mit unseren Hunden unternehmen wir gern, dabei sind dann am Ende nicht nur die Hunde nass. Wir haben uns immer viel zu erzählen und er zeigt mir YouTube-Videos, die ihm wichtig sind. Wir essen zusammen zu Abend, manchmal in Gesellschaft der anderen Familienmitglieder, manchmal nur mit meinem Mann. Er darf meist entscheiden, was wir machen wollen. Ich habe keine Sorgen, dass seine Pläne für mich nicht zu schaffen sind. Laufen, Fahrrad fahren, Rennen, Aktivitäten jeglicher Art sind für uns ohne Probleme zusammen möglich.

Dennoch bleibt dieses kurze gemeinsame Innehalten an der Spielrennbahn. Für mich war dieser Moment wie das Anhalten der Zeit vor dem lebensverändernden Schritt mit all seinen Hoffnungen, Zweifeln, Sorgen und Ängsten, ein einschneidendes Erlebnis. Gottes Wege, sich uns Menschen zu nähern und uns seine Ruhe spürbar werden zu lassen, sind grenzenlos.

Danke, Vater im Himmel, für deine kleinen Helfer. Sie können in Form kleiner Jungs mit Carrera Bahn auftauchen.

Es ist gut, manchmal die Sorgen
so zu behandeln, als ob sie nicht da wären;
das einzige Mittel, ihnen ihre Wichtigkeit zu nehmen.

RAINER MARIA RILKE

21 Dennoch ein guter Weg

CLAUDIA SCHMIDT

D ennoch bleibe ich stets an dir, denn du hältst mich bei meiner rechten Hand.« Als ich diesen Vers aus Psalm 73,23 zu meiner Konfirmation bekomme, kann ich erst einmal wenig damit anfangen. Dieses »Dennoch« klingt nach Anstrengung, Kampf und Leid. Mit gerade mal fünfzehn Jahren hätte ich mir eher etwas Leichteres gewünscht. Etwa eine Zusage, dass Gott mich behütet und bewahrt und alle Stolpersteine vor mir aus dem Weg räumt.

Erst einige Jahre später lerne ich die tiefere Bedeutung dieses Verses kennen und schätzen. Kurz vor meinem vierzigsten Geburtstag, als mir schmerzlich bewusst wird: Aus meinem Traum von einer Familie und eigenen Kindern wird wohl nichts. Alle Enttäuschungen oder auch unbedachte Bemerkungen konnte ich bis dahin gut wegstecken. Doch mit einem Mal bin ich dünnhäutiger.

Ich spüre, dass ich einen Traum aufgeben muss. Obwohl ich gar nichts in Händen halte, fällt mir das Loslassen schwer. Es ist ja nur eine Wunschvorstellung, die langsam zerrinnt und kein realer Verlust. Deshalb reiße ich mich zusammen, auch wenn ich manchmal am liebsten hemmungslos weinen würde.

Was mich in der Zeit ermutigt, ist die biblische Geschichte von Ruth. Sie steht genau zum richtigen Zeitpunkt auf dem Lehrplan der Bibelschule Kirchberg, an der ich gerade eine theologische Ausbildung mache. Die Auslegung unserer Dozentin steht unter der Überschrift: »Wenn Gott deine Wünsche nicht erfüllt, hat er etwas Besseres mit dir vor.« Dieser Satz des amerikanischen Buchautors Larry Crabb gefällt mir. Auch in Ruths Leben gibt es einen zerplatzten Traum. Als kinderlose Witwe kommt sie zusammen mit ihrer ebenfalls verwitweten und mittellosen Schwiegermutter Naomi nach Bethlehem. Statt Trübsal zu blasen, packt Ruth an und geht zur Nachlese auf eines der Felder. Dort begegnet sie dem Landbesitzer Boaz, der ihr Arbeit und Schutz gibt und sie später sogar heiratet. So wird aus der mittellosen Ausländerin die Urgroßmutter von König David, dem Vorfahren Jesu.

Ein solch schnelles Happy End gab es in meinem Leben bisher nicht. Der Traum von einer Familie und Kindern hat sich nicht erfüllt. Dennoch gefällt mir mein Konfirmationsspruch mittlerweile richtig gut, weil ich finde, dass er ins Leben passt.

Der Psalmbeter Asaf ist zunächst ziemlich kurzsichtig. Er schaut auf das, was andere haben und was er vermeintlich auch gerne hätte. Das macht ihn unzufrieden und bitter. Aber dann weitet Gott seinen Blick und er sieht die Welt aus Gottes Perspektive. Diese Weitsicht gibt ihm neue Zuversicht, sodass Asaf schließlich sagen kann: »Und dennoch bleibe ich stets an dir, denn du hältst mich bei meiner rechten Hand« (Psalm 73,23).

Gott hat auch meinen Blick geweitet, als ich traurig und hoffnungslos war. Der zerbrochene Traum ist noch da, aber er tut nicht mehr weh. Mittlerweile habe ich viele Menschen kennengelernt, die an irgendeiner Stelle in ihrem Leben einen zerplatzten Traum haben.

Seit einigen Jahren bin ich beruflich für die internationale Medienarbeit des ERF verantwortlich. Immer wieder erlebe ich dabei Hürden und Herausforderungen. Aber ich durfte die letzten Jahre so viele interessante Menschen aus unterschiedlichsten Kulturen kennenlernen und an spannenden Projekten beteiligt sein, dass ich einfach nur dankbar sagen kann: Eine so abwechslungsreiche und erfüllende Aufgabe hätte ich mir nie ausmalen können. Auch wenn manche Träume zerbrechen, hat Gott dennoch einen guten Weg für mich.

Nicht die Glücklichen sind dankbar.
Es sind die Dankbaren, die glücklich sind.

FRANCIS BACON

22 Dennoch nicht am Ende der Geschichte

KATHARINA VON DESSIEN

E in kleines Satzzeichen kann einen großen Unterschied machen. Wenn ich meine bisherige Lebens- und Glaubensge-
schichte vor meinem inneren Auge vorbeiziehen lasse, entdecke ich, dass verschiedene Zeichen ihr jeweils eine bestimmte
Wendung geben.

Ich setze einen Punkt.

Ich fasse Mut und stelle die unbequemen Was-wäre-wenn-
Fragen. Lasse zu, dass der sichere Boden von Überzeugungen
unter meinen Füßen bröckelt und ich ins Wanken komme. Sor-
tiere nach und nach die Glaubenslehren, die mein bisheriges
Leben geprägt haben, und die Ausdrucksformen, die ihnen Ge-
stalt verliehen. Lasse los, was nicht mehr trägt und inhaltsleer
erscheint. Bin im wahrsten Sinne des Wortes sprachlos. Werde
mir selbst fremd, denn ich kenne mich nicht ohne Glauben.

Mache mich auf den Weg in die unbekannte Wildnis, hinaus
aus der sicheren Stadt. Muss Abschied nehmen von Menschen,
die diese Reise nicht mitgehen können oder wollen. Schwan-
ke zwischen Verständnis, Wut und Enttäuschung. Falle in die
scheinbare Leere und erlaube mir, über den Verlust von Beziehungen, Ordnung, Sicherheiten zu trauern.

In mir macht sich die beklemmende Sorge breit, dass da tatsächlich nichts ist. War es das nun? Ist Glaube tatsächlich nur
eine Illusion?

Der Punkt scheint so endgültig. Die bisherigen Kapitel meiner Geschichte sind vorbei und ich muss erstmal lernen, damit umzugehen, sie zu verarbeiten und weiterzulaufen. Aber wohin? Ich weiß nicht, wo die Reise hingeht, wie lange sie dauert, welche Antworten ich finde und welche Fragen offen bleiben. Und so bleibe ich stehen, verharre in meinen Zweifeln, meiner Ungewissheit und meiner Wut auf Gott, die Kirche und vielleicht mich selbst. Ich betrachte die Trümmer meines Glaubens und denke, das ist das Ende meiner Geschichte.

Doch was ist, wenn ich stattdessen einen Strichpunkt setze? Erst wenn ich aus der sicheren Stadt heraustrete und mich auf die Wildnis einlasse, bemerke ich, dass sie nicht eintönig grau, sondern bunt ist. Hier sind andere Menschen und wir lernen gemeinsam, was Leben und Glauben in der Spannung zwischen *ja* und *aber-auch* bedeutet.

Ja, meine Fragen entziehen mir so manche alte Sicherheit, eröffnen mir aber auch neue Horizonte. Ja, meine bisherigen Glaubenszugänge scheinen verschüttet, aber ich entdecke auch neue Formen und lerne alte Rituale wieder schätzen. Ja, Gott erscheint mir erstmal fern, aber außerhalb der vertrauten Boxen, in die ich ihn oft gesteckt habe, begegnet er mir auch in einer ungekannten Weite, in der er mir plötzlich ganz nah kommt. Ich kann ihn durch meine Fragen und Zweifel nicht kaputt machen, sondern nur noch mehr von seiner Vielfalt und Gnade kennenlernen.

Ich begegne ihm an vielen neuen Orten, wo ich ihn wohl nie vermutet hätte. In Liedern aus dem Radio oder alten Chorälen. In den Sonnenstrahlen, die im Wald durch die Bäume brechen. In der Stille. Im gemeinsamen Essen am Tisch. In anderen Menschen und ihren Geschichten, die ich nicht mehr vorschnell verurteile. Ja, so manche Erinnerung an das Feuer von damals hinterlässt einen Stich im Herzen, aber ich will die neue Schönheit der Wildnis auch nicht missen. Gerade in dieser Spannung blüht das Leben, das Leichtes und Schweres umarmt und im Dennoch trotzdem Ruhe findet.

Ich schließe Frieden mit meiner Geschichte mit all ihren Satzzeichen, Anfängen und Abschlüssen. Sie hat mich bis hierher gebracht und zu der Person gemacht, die heute lebt und glaubt. Ich schlage mein Zelt in der Wildnis auf – ein temporäres Zuhause, das zum Verweilen und Weiterreisen einlädt. In allem bin ich getragen durch die tiefe Gewissheit, dass Gott immer noch da ist und diese Reise begleitet.

Mit Gott tritt man nicht auf der Stelle, sondern man beschreitet einen Weg.

DIETRICH BONHOEFFER

23 Dennoch ist alles gut

HELMA REIN

Ein ganz normaler Kontrolltermin bei meiner Gynäkologin und danach sieht alles ganz anders aus. Jemand reißt mir den Boden unter den Füßen weg. Die Worte der Frauenärztin werde ich wohl nie vergessen:»Frau Rein, da ist etwas, das sieht nicht gut aus, das müssen wir abklären!« Brustkrebs! Die Heimfahrt wie im Tunnel! Wie kann das sein? Ich gehe regelmäßig zur Kontrolle, ich habe nichts gemerkt, und außerdem – warum ich? Niemand aus meiner Familie hat Brustkrebs. Das betrifft doch nur die anderen!

Dann beginnt der Diagnostikweg. Lang ist er, zu lang für meinen Kopf, aber gründlich. Ich bin ungeduldig und will den Krebs so schnell wie möglich loswerden.»Hab Geduld«, sagt jemand zu mir,»Gott macht keine Fehler.«

Mit jedem Untersuchungsergebnis kommt eine neue Hiobsbotschaft dazu und in vier Wochen ist Weihnachten. Die Familie aus der Schweiz wird dann kommen. Der Tumor liegt so ungünstig und das betroffene Gewebe ist so groß, dass es nicht brusterhaltend operiert werden kann. Amputation!

Ein Spezialist wird zurate gezogen. Er soll mich bezüglich der Operation und der möglichen Aufbaumethoden beraten. Ein Professor, der als einer von wenigen in Deutschland diese Brustaufbaumethode praktiziert – und er ist direkt vor meiner Haustür. Aus ganz Deutschland kommen die Frauen zu ihm, sagt mir eine der Assistenzärztinnen.»Sie haben echt Glück.« Ist es Glück, Zufall oder doch Führung?

Der Spezialist berät mich fachlich und beruhigt mich emotional, erdet mich. Es ist der 21. Dezember. Ich fahre mit dem Gefühl nach Hause, dass Weihnachten kommen kann. Wir machen alles wie geplant. Es ist ein sehr schönes und entspanntes Weihnachtsfest.

Mich haben so viele liebe Nachrichten erreicht, die mir Mut machen, die mir Kraft und Zuversicht schenken, so viele Menschen, die an mich denken und für mich beten. Eine Erfahrung, die ich ohne die Krankheit nie gemacht hätte.

Die Operation verläuft gut und trotz anfänglichen Komplikationen im Heilungsprozess und zwei weiteren Operationen geht es bald wieder bergauf. Eine schreckliche Diagnose und dennoch eine Chance zum Wachsen, persönlich und im Glauben.

Dennoch bin ich gestärkt aus der Krankheit gegangen.
Dennoch hat es uns als Familie zusammengeschweißt.
Dennoch fühlte ich mich getragen und begleitet.
Dennoch war ich nie alleine.
Dennoch gab es viele Erfahrungen, die ich nicht missen möchte.
Dennoch ist alles gut!

Ob Gottes Friede meinen Weg begleitet
oder ob Sorgen sich vor mir auftürmen,
egal, was mir passiert,
du, Gott, lässt mich jederzeit sagen:
Es ist gut, es geht mir gut in dir.

HORATIO G. SPAFFORD

---

24 Dennoch fürchte ich mich nicht

DR. ULRICH PALMER

Im Jahr 1960 wurde ich in eine mecklenburgische Pastorenfamilie hineingeboren. Nach zehn Schuljahren blieb mir nur eine Tischlerausbildung, weil auch beste Zensuren ohne Jugendweihe und FDJ-Mitgliedschaft kein Schlüssel zu höherer Bildung waren. Trotzdem sehnte ich mich sehr nach einer geistig herausfordernden Tätigkeit. Zum Silberstreif am Horizont wurde mir da die Sonderreifeprüfung, die Hintertür zum Theologiestudium. Die DDR erhielt nämlich im Streben nach internationaler akademischer Anerkennung trotz ihrer Kirchenfeindschaft alle theologischen Fakultäten. Denn nur damit galt im Westen eine Hochschule etwas. Und irgendwie musste man die meist vom Abitur ausgeschlossenen Pastorenkinder, welche große Teile des Pfarrernachwuchses ausmachten, ja dort hinbringen.

Ab Herbst 1980 sah ich mich dann mit drei alten Sprachen konfrontiert, dazu einem starren Vorlesungsprogramm mit Pflichtsport und Marxismus-Leninismus, kurz ML. Ausgleich zum fünfjährigen Lern-Marathon fand ich im Friedenskreis der evangelischen Studentengemeinde, bald auch leitend. Wir organisierten unter anderem Friedensgottesdienste mit 600 Besuchern und Predigern wie Joachim Gauck. Das brachte uns die Überwachung durch eine als Theologiestudentin eingeschleuste Informantin der Staatssicherheit ein. Auch drei meiner sieben Professoren arbeiteten der Stasi zu.

1984 wollte ich heiraten, was meine Aktivitäten im Friedenskreis von ganz allein reduzierte. So wurde ich auch nicht stutzig, als einer der Herren mir im Vertrauen zu einem Rückzug aus der Friedensarbeit riet, es stünde doch ein Forschungsstipendium in Aussicht. Das kam mir gelegen, weil ich mich nach den streng durchgetakteten Jahren noch nicht zu Vikariat und Pfarrdienst bereit fühlte.

Doch erst nachdem die vier kirchentreuen Professoren intervenierten, wir Nachwuchs erwarteten und ohne Aussicht auf mehr als ein Zimmer in Rostock den Umzug nach Brandenburg planten, bekam ich von der mit der Stasi verquickten ML-Fakultät grünes Licht. Drei Jahre wirklichen Studierens mit viel Bibliotheksarbeit in Berlin, Leipzig und Merseburg folgten. Meine Dissertation wurde angenommen und so verließ ich 1988 mit mittlerer Reife, einer Handwerkerlehre und Stasi-Überwachung die Uni als promovierter Theologe.

Einmal in Brandenburg zu Hause, absolvierte ich dort ein Gastvikariat. Fast zeitgleich mit der Einheit Deutschlands wurde ich dann im September 1990 Pastor in meiner mecklenburgischen Heimat, wofür ich das Predigerseminar in Schwerin besucht hatte.

Das Versprechen, die katastrophale Wohnsituation auf der ersten Stelle schnell zu ändern, wurde nicht gehalten und wir flohen 1994 in den benachbarten Kirchenkreis. Man war zwar nun ehrlich zu uns, aber weit über das übliche Maß hinaus forderten auch in der neuen Gemeinde die Gebäude über viele Jahre alle Kraft. Und andere Stellen mit weniger Baulast waren nicht in Reichweite.

Dass ich mich dann mit Gründung der Nordkirche 2012 auch außerhalb Mecklenburgs bewerben durfte und eine Gemeinde in Holstein mich mit offenen Armen aufnahm, war somit ein echter Neubeginn. Endlich brauchte man mich wirklich als Pastor – und nahm mir die Bürde des Bau- und Friedhofsmanagers weitestgehend ab.

Ich wurde Pastor aus Liebe zu meiner Kirche. Ich blieb es, obwohl es mit ihr als Dienstherrin lange schwer, ja manchmal zum Fürchten war. Doch auch wenn der Boden unter den Füßen schwankte, Jesu »Fürchte dich nicht!« erwies sich als tragfähiger!

Nichts soll dich ängstigen,
nichts dich erschrecken.
Alles geht vorüber.
Gott allein bleibt derselbe.
Alles erreicht der Geduldige,
und wer Gott hat, der hat alles
– Gott allein genügt!

TERESA VON ÁVILA

25 Dennoch sagen

MANUEL KAISER

Dennoch! Dennoch? Dennoch.

Egal wie ich dieses Wort ausspreche: als lauten Protest, als gewichtige Anfrage oder als stille Hoffnung – es liegt eine Kraft darin. Dieses Wort kommt mir vor wie ein Werkzeug, das ich zur Hand nehme, wenn ich mich gegen etwas auflehnen möchte oder ich in mir selbst Widerstand spüre.

Dennoch – das Wort ruft nach einer Unterscheidung. Wenn die Umstände und Fakten nicht mit meinem Gefühl vom guten Leben zu vereinbaren sind. Wenn ich im Kern von etwas überzeugt bin, aber es nur schwer erklären kann.

Wenn niemand zuhört, wenn ich meine Perspektive teilen möchte, dann muss ich rufen: Dennoch!

Wenn die Stimmen derer, die leiden und am Rand stehen, nicht gehört werden, dann muss ich anfragen: Dennoch?

Wenn ich nicht weiß, wie es weitergeht, Angst habe und allein bin, dann hoffe ich, dass jemand zu mir flüstert: Dennoch.

Dann muss jemand rufen, fragen oder flüstern, damit ich mich daran erinnere, dass es anders werden kann. Dennoch. So wird dieses Wort ein Gebet in sich und so entfaltet es die Kraft, die es auch in der Bibel hat.

Die Männer und Frauen, die die Schöpfungsgeschichte aufgeschrieben haben, waren in der Gefangenschaft, wurden verschleppt und mussten hart arbeiten in einem fremden Land. Um nicht zu vergessen, woher sie kamen, schrieben sie auf, was sie von Gott kannten. Sie wussten, er hat die Erde geschaffen. Er war der, der über alle Nationen regierte. Er herrschte auch über die Tyrannen und die Sklavenhändler. Aus dieser Gewissheit in ihrem Glauben schöpften sie große Hoffnung, und aus dieser Hoffnung schöpften sie Kraft. Weil sie sich – trotz der Gefangenschaft – als Gottes geliebte Geschöpfe und als Gottes Ebenbilder wahrnahmen, hatten sie die Kraft Dennoch zu sagen: Dennoch hoffen wir! Dennoch ist uns Gott nahe! Dennoch wird die Gefangenschaft ein Ende haben.

Mose, der Prophet, war sich sicher, dass das Volk Israel den Weg ins Gelobte Land schaffen konnte, auch wenn es dafür durch die Wüste gehen musste. In der Wüste lauerten viele Gefahren und nicht zuletzt der Tod selbst. Doch Mose wusste, dass Gott sein Volk im Angesicht der Strapazen bewahren würde. Obwohl der Weg durch die Wüste mühsam sein würde, hatte Mose im Vertrauen auf Gott Hoffnung. Gott würde seinem Volk dennoch die Segnungen der Wüste schenken: die Kühle der Nacht, das Manna am Morgen und die überlebenswichtige Quelle der Gottesbegegnung. Als Wolken- und Feuersäule ging er vor seinem Volk her und führte es, auch als es murrte, an sein Ziel. Auch wenn das Volk zweifelte, zweifelte Gott nicht. Gott war treu.

Ich finde es herausfordernd, Hoffnung zu haben, obwohl es dem Augenschein nach wenig Grund dazu gibt. Es ist schwierig, dennoch zu hoffen. In solchen Momenten hilft mir das biblische Zeugnis. Die Geschichten dieser Männer und Frauen erinnern mich daran, dass Gott auch dann bei mir ist, wenn ich es gerade nicht spüre. Sie lehren mich zu rufen, zu fragen und zu flüstern. Sie lehren mich zu beten: In den Psalmen und Liedern der Bibel sind ihr Gotteslob und ihre Klage niedergeschrieben. Ihre Klagen sind für mich besonders bewegend: Sie drücken aus, was falsch ist und was ihnen die Luft abschnürt. Sie schreiben, fragen an und flüstern Gott ihren Schmerz. Das beeindruckt mich tief. Sie verhandeln nicht, sie schieben das Schwere nicht weg, sondern sie fühlen es, benennen es. Sie finden deshalb Grund zur Hoffnung, weil sie mit Gott im Kontakt bleiben und sich nicht abwenden. Sie finden die Kraft ‚Dennoch zu sagen.

TROTZ-GEBET

Trotzdem will ich vertrauen.
In einer Welt, die mich klein macht.
Trotzdem will ich hoffen.
Trotz Markt und Wahrheitsdiktat.
In einer Zeit, in der »alternativlos« für manche
ein beruhigendes Mantra ist.
Aber für mich nicht.

Ich brauche etwas anderes.
Ich brauche mehr.
Ich will nicht verzweifeln.
Ich will nicht zynisch werden.
Ich will noch an Schönheit glauben.
Trotzdem bleibe ich eine, die Gott glaubt.

Aber ich schaffe das nicht alleine.
Ich habe nicht genug Ausdauer in mir.
Ich brauche deine Unterstützung.
Ich brauche Sonntag.
Ich brauche Auferweckungs-Energie.

Trotzdem will ich hoffen.
In einer Welt, die mir das Leben tot erklärt.
Die mir beweisen will, dass das hier alles ist.
Ich brauche ein Fenster zum Himmel,
das Sonne in die Gedankenwelt lässt.
Eine Lücke im Denken.

Trotzdem will ich leben
mit dieser großen segnenden Kraft,
die ich Gott nenne.
Mit meinem Vertrauen in die Anderswelt.
Mit der großen Erzählung meiner Tradition.
Die die Natur »Schöpfung« nennt.
Und das Leben als heilig ansieht.
Die sagt, es ist doch möglich:
zu teilen,
Fremde zu lieben,
Kleine zu schützen,
Worte achtsam zu wählen.
Frieden zu stiften,
zu verzeihen,
Willkommen zu leben.

Trotzdem will ich glauben:
Eine andere Welt ist möglich.
Meine Phantasie bewirkt Hoffnung.
Und meine absurde Hoffnung ist meine Stärke.

CHRISTINA BRUDERECK

26 Dennoch ist es ein guter Gott

HANNE DANGMANN

Ich war erst Ende zwanzig, als ein kurzer Gesprächsbeitrag in einer geselligen Runde mein Herz berührte. Es war der Satz eines älteren Freundes in der Runde:»Ja, das Leben ist nicht fair. Das wissen wir eigentlich, aber die alles entscheidende Lebensfrage ist, ob wir im Erleben des nicht fairen Lebens unbeirrt daran festhalten, dass Gott gut ist.« Das ließ mich nicht mehr los.

Bereits damals wusste ich etwas damit anzufangen: Ich hatte erst kurz vorher eine lebensbedrohliche Eileiterschwangerschaft erlebt und die Diagnose erhalten, dass wir wohl kinderlos bleiben würden. Ich wollte daran festhalten lernen: Gott ist gut und meint es gut. Als ich dann Mitte dreißig – entgegen allen Vorhersagen – Mutter von zwei eigenen Kindern werden durfte, hat meine tiefe Dankbarkeit diese Überzeugung, dass es sich lohnt, weiter zu vertrauen, bestärkt.

Erst in der Lebensmitte, für mich eher unerwartet, forderte mich das unfaire Leben neu heraus. Krankheit gehörte schon immer zu meiner Biografie. Als ich sieben Monate alt war, erlitt meine Mutter ihren ersten Schlaganfall, sie blieb vollständig linksseitig gelähmt. Damit gehörten Kliniken, Ärzte und Pflegepersonal, Gehhilfen und Rollstuhl ganz natürlich zu meiner Lebenswelt. Auch Bangen und Warten und Hoffen. Aber ebenso prägten ein vertrauensvolles Miteinander, Humor und soziales Engagement mein familiäres Aufwachsen.

Ich erinnere mich kaum an Hadern mit der eingeschränkten Mobilität oder dem zugeteilten Los. Es war eher ein dankbares Gestalten der vielen verbleibenden Möglichkeiten, die das Leben doch noch bot. Meine bewussten Erinnerungen an unsere Familien-Lebensfarben sind hell und bunt. Es wurde gelacht, gestritten, versöhnt. Insgesamt war das Leben meiner Mutter zweigeteilt: 38 gesunde und 40 kranke Jahre, die sie und mein Vater mit erstaunlicher Lebensfreude gestalteten. Mein Teil war ausschließlich die zweite, kranke Hälfte. Ich durfte sie in ihrem allerletzten Lebensabschnitt (Hirntumor, der sich wohl aus einer alten Narbe entwickelt hatte) noch intensiv begleiten.

Eigentlich dachte ich, mit dem Thema *Krankheit* ganz ausgesöhnt zu sein. Doch dann traten – wie ungebetene Gäste – Auflehnung und Zweifel in meine Welt. Wenige Jahre nach dem von mir sehr betrauerten Verlust beider Elternteile musste ich mich wegen Herzproblemen in ärztliche Behandlung begeben. Aus den ersten EKGs und Untersuchungen erwuchs rasch ein größerer Eingriff. Unsere Kinder waren damals acht und elf Jahre alt, die Klinik war weit entfernt von unserem Wohnort, es war kurz vor Weihnachten und ich hatte die Geschenke bereits gekauft. Plötzlich breitete sich ein anderes, lange verschüttetes Gefühl aus, dessen Farben grau, schwarz und dunkelrot sind: Lebensbedrohung. Ich zeigte meinem Mann, wo ich die Weihnachtsgeschenke für die Jungs deponiert hatte. Die Bedrohlichkeit einer lebensgefährdenden Erkrankung hatte mein eigenes Leben erreicht.

Es war dann ausgerechnet die hochwertige tägliche Medikamenten-Vielfalt, an der sich plötzlich meine Auflehnung entzündete und sich Bahn brach: »Wenn schon die erste Hälfte meines Lebens von chronisch-lebensbedrohlicher Krankheit geprägt war, hättest du mir, Gott, das in meinem eigenen verbleibenden Leben nicht ersparen können?!«

Seither übe ich mich, täglich einzuwilligen und daran fest-
zuhalten, dass es ein guter Gott ist, der über meinem fragilen
Leben wacht. Auch wenn er mir einiges zumutet. Jeden Morgen
will ich Ja zum vorfindlichen Leben sagen, in der einen Hand
die Herrnhuter Losung, in der anderen die Medikamentenbox.

Gibt es nicht einen fürsorglichen Gott,
der über uns wacht,
der uns durchträgt
durch Phasen unseres Lebens,
die für uns schwer sind?
Nicht immer gibt es für alles
eine Spontanheilung und Sofortlösung.
Gerade in den Spannungszeiten möchte uns Gott
als der liebende Vater begegnen,
der uns Schritt für Schritt zur Seite steht,
uns versteht und uns nahe sein möchte.
Seine Liebe ist eine andere als die menschliche Liebe.
Er hält aus und durch,
hat für uns das Äußerste gelitten aus Liebe.
Macht das nicht immer wieder Mut,
uns diesem großen Gott anzuvertrauen?

SABINE KLEY

27 Dennoch Sehnsucht

MARTIN SIMON

Ich saß in einem möblierten Apartment. Um mich herum mein Bett, ein paar Regale, ein Schreibtisch, meine ganzen Klamotten und Bücher und mein Computer. Das war alles, was ich noch hatte. Alles andere gehörte nicht mir. Das war es also, was mir von meinem Leben geblieben war. Ich hatte kein Haus mehr, keinen Beruf und vor allem keine Frau und keine Kinder mehr. Nach 15 Jahren Ehe hatten meine Frau und ich uns entschieden, uns zu trennen. Das den Kindern zu sagen, war das Schwierigste, was ich in meinem Leben durchmachen musste. Die dunkelste Stunde meines Lebens.

Damit war auch klar, dass ich als Pastor nicht länger in der Gemeinde bleiben konnte. Meine Frau blieb und die Kinder auch. Ich habe ihr das Haus überlassen, habe meine Habseligkeiten gepackt und bin gegangen.

Ich landete schließlich in einem kleinen Dorf in der Nähe der Kinder, dort war die Unterkunft bezahlbar. Und so saß ich nun da und hatte das Gefühl, dass ich aufgehört hatte zu existieren.

Oft habe ich mich gefragt, wie es überhaupt dazu gekommen war. Und wo war der Segen Gottes? Wo war er mit seiner Hilfe und seiner Kraft, mit seinem Heiligen Geist, der uns führt und leitet? Stärker aber war noch das Gefühl, mein Leben vor Gott verspielt zu haben. Mir wurde klar, dass ich nicht nur ein Mensch bin, der sündigt – sondern dass ich ein sündiger Mensch bin. Ich hatte immer gewusst, dass ich meine Fehler, Schwächen und Schrulligkeiten habe. Aber im Grunde fand ich mich ganz okay. Jetzt wurde mir bewusst, dass das nicht so war.

So oft hatte ich über die große Gnade und Barmherzigkeit Gottes gepredigt, aber jetzt kam ich an den Punkt, an dem ich sie selbst glauben musste. Merkwürdig, dass ich leichter annehmen konnte, dass Gott den andern vergibt, als dass er die Schuld erlässt, die ich selbst angehäuft hatte. Es war ein Mix aus Gefühlen, der mich damals erfüllte: Einerseits wusste ich, dass ich an meinem Elend zumindest zum Teil selbst schuld war. Da konnte ich Gott keine Vorwürfe machen. Aber andererseits fühlte ich mich von ihm im Stich gelassen, war enttäuscht und wütend auf ihn. In den bittersten Stunden habe ich Jesus den »Kerl am Kreuz« genannt. Aber gesprochen habe ich immer mit ihm, ihn angefleht, ihn gebeten, auch mal gelobt, wenn ich die Kraft hatte. Aber ich habe auch viel mit ihm gehadert.

Letztlich konnte ich aber doch nicht von Jesus lassen. Und tatsächlich hat er mich immer wieder aufgefangen, getragen, ausgehalten. Und mit der Zeit wurde mir eine Sache klar: Mein Dennoch ist Gottes Dennoch zu mir. Auch Gott spricht sein Dennoch aus: »Dennoch halte ich dich!« Meine Sehnsucht nach ihm kann ich nur haben, weil er Sehnsucht nach mir hat. Ich konnte mich nur deshalb an Jesus halten, weil er an mir festhält! Trotz allem!

Heute bin ich wieder Pastor, ich halte den Kontakt zu meinen Kindern. Und ich bin wieder verheiratet, durfte sogar meiner Jugendliebe wieder begegnen. Gott hat alles wieder zum Guten geführt. Dennoch!

Wenn ich auf die Wege zurückblicke,
die ich gegangen bin, und daran denke,
wie gut du mich geführt hast,
dann weiß ich, dass du mit deiner Gnade bei mir warst
auch in der Dunkelheit.
Du hast mich befreit aus meiner Befangenheit,
du hast mir vergeben und meine Sünden zugedeckt.
Du hast dich nicht im Zorn von mir abgewandt
und mich nicht allein zurückgelassen.
Darum hilf mir auch jetzt,
lass deine Gnade stärker sein als deinen Grimm,
schenk mir Freude statt Trauer
und Lachen anstelle der Tränen.
Lass meine Seele wieder Frieden finden
und schenke mir dein Heil,
zu dem du mich berufen hast.

STEPHAN GOLDSCHMIDT

28 Dennoch das Abenteuer wagen

HANNAH MÜLLER

Die Frankfurter Dankeskirchengemeinde, in der ich aufgewachsen bin, hat eine Partnerschaft mit mehreren Gemeinden im Norden Ghanas. Vor ein paar Jahren kam dann das Angebot:»Wir machen einen Jugendaustausch nach Ghana und du kannst mitkommen.« Ein Teil von mir war begeistert. Einen neuen Kontinent besuchen und neue Erfahrungen sammeln, klang nach einem Abenteuer. Aber der andere Teil von mir – leider der größere – war ein Angsthase. Sofort kamen mir Gedanken in den Kopf, was alles passieren könnte. Was ist, wenn dir auf einem anderen Kontinent ein Unfall passiert? Und die größte Frage: Was ist, wenn du dort niemanden verstehst? Die Amtssprache in Ghana ist Englisch. Da würden sich die meisten Leute freuen, aber ich war noch nie ein Sprachtalent. Auch wenn ich Englisch theoretisch in der Schule gelernt hatte, bereitete mir die Vorstellung, mich zwei Wochen lang ausschließlich auf Englisch zu unterhalten, Bauchschmerzen. Was würde passieren, wenn ich die Leute dort nicht verstehen könnte? Die Abenteurerin in mir versuchte mich zu beruhigen: Notfalls unterhält man sich eben mit Händen und Füßen. Außerdem würde ich nicht allein auf die Reise gehen. Wir würden mit sechs Jugendlichen bzw. jungen Erwachsenen fahren, die ich alle seit langer Zeit kannte und unter denen sich auch mein Bruder befand. Und trotzdem verflogen die Zweifel nicht.

Dennoch habe ich es gewagt und das werde ich niemals bereuen. Im Jahr darauf sind wir dann zu sechst nach Ghana gereist.

Ich war sehr aufgeregt, sowohl in freudiger Erwartung, was wir wohl alles erleben und sehen würden, als auch mit einem mulmigen Gefühl im Magen, ob alles funktionieren würde. Wir haben in den zwei Wochen unsere Partnergemeinden besucht und viele Leute kennengelernt. Ich habe dort unglaublich viele Erfahrungen gesammelt, sowohl gute, als auch weniger schöne. Die Erinnerung an die Elefanten auf der Safari oder die für mich völlig neue und unbekannte Landschaft kann mir niemand nehmen. Auch neue Freunde, zu denen der Kontakt mal mehr, mal weniger intensiv ist, bleiben.

Und gleichzeitig versuche ich mich hier nicht mehr so über Nichtigkeiten aufzuregen, wenn ich mich daran erinnere, wie viele hungrige Kinder wir gesehen haben, wie die Menschen in den armen Regionen gelebt haben. Oder wenn ich daran denke, dass eine fremde Mutter uns ihr ca. ein Jahr altes Kind mitgeben wollte, weil sie davon ausging, dass es das Kind bei uns besser haben würde als bei ihr.

Meine größte Angst, die Sprache, war zunächst tatsächlich eine Herausforderung, da der Akzent, mit dem die Menschen dort sprechen, nicht ganz einfach zu verstehen ist. Aber ich konnte mich schnell daran gewöhnen. Natürlich verstand ich auch danach nicht jedes Wort, was aber auch kein Problem war, denn entweder haben mir die anderen geholfen oder ich habe eben einfach nochmal nachgefragt. Ich habe das Abenteuer dennoch gewagt und meinen Angsthasen bezwungen, was für mich einige der bisher wertvollsten Erinnerungen meines Lebens mit sich brachte.

ES GEHT

gehen,
einfach losgehen,
aufbrechen aus der Starre,
sich vorwärtsbewegen –
und spüren: Es geht.
Die Füße tragen,
der Kopf wird frei,
das Herz schlägt ruhig,
der Rücken entspannt sich,
die Sinne werden aufmerksam.
Die Augen sehen die Weite,
die Nase riecht die Luft,
die Ohren hören die Natur,
der Mund schweigt still,
die Seele beginnt zu staunen.
Der offene Himmel über mir,
der tragende Boden unter mir,
die drückende Last hinter mir,
der lebendige Glaube in mir,
die freudige Hoffnung vor mir.

KURT RAINER KLEIN

29 Dennoch arbeiten und glauben

MATTHIAS JÄGER

M eine persönliche Dennoch-Geschichte ist keine wirklich individuelle Geschichte. Sie ist die Geschichte von tausenden Menschen auf dieser Welt, die in ihrer alltäglichen beruflichen Arbeit vermutlich nahezu permanent in ihrem Glauben angefochten werden und dennoch damit umgehen müssen.

Jurist und dennoch Christ – geht das überhaupt? Als 19-jähriger hätte ich zu Beginn (und bis zum Ende) des Jura-Studiums nie daran gedacht, dass es in meiner späteren praktischen Arbeit zu Anfechtungen wegen meines Glaubens kommen könnte. Die in der Theorie zu lösenden Fälle waren noch so weit weg vom echten Erleben der zwischenmenschlichen Spannungen, die so ein Fall in der Realität mit sich bringt. Doch dann musste ich als Berufsanfänger feststellen: Als Jurist hat man es eigentlich immer mit widerstreitenden Interessen von Menschen zu tun. Aufstieg und Niedergang von wirtschaftlichen Existenzen und psychische Totalschäden werden hautnah miterlebt. Manchmal ist man sogar selbst deren Verursacher und hatte regelrecht darauf hingearbeitet. Als junger Anwalt – es war wirklich eine harte Zeit für mich, da mir das Streiten anfänglich so gar nicht lag – wird man am Erfolg gemessen, und dieser wiederum wird meist finanziell beurteilt. Dabei merkt man schnell: Wahrheit ist irgendwie doch ein höchst subjektiver Begriff und an einen raueren Umgangston kann man sich notfalls für dieses Bühnenspiel gewöhnen. Verhandlungen, die ein beiderseitiges Nachgeben zur Folge hatten, waren mir die liebsten Fälle, da man durch ein glaubwürdiges persönliches Auftreten viel erreichen konnte. Aber dafür musste man die Bühne eben verlassen und wirklich authentisch werden, was höchst anstrengend ist. Die Menschen spüren so etwas und können sich dann eher auf Kompromisse einlassen. What would Jesus do? In so machen Situationen habe ich bewusst sagen müssen: Jesus hätte ganz anders gehandelt.

Die Bibel ist gespickt mit Begriffen wie Recht, Richten, Wahrheit etc. und Jesus hat sie sehr oft selbst gebraucht. Wie kann ich dem als Jurist, der ebenfalls mit diesen Begriffen in der Wirklichkeit arbeiten muss, gerecht werden? Du sollst nicht richten! Darf ich als Christ daher kein Richter sein?

Oh Herr, mach mich zum Werkzeug deines Friedens!
Wo Hass ist, lass mich Liebe säen; wo Unrecht, Verzeihung;
wo Zweifel, Glaube; wo Verzweiflung, Hoffnung;
wo Finsternis, Licht und wo Trauer, Freude.

FRANZ VON ASSISI

Dennoch ist mir sehr bewusst, dass die Menschen staatliche Gesetze brauchen, die ein gutes Miteinander regeln, und sie brauchen auch Menschen, die sich um deren Durchsetzung kümmern. Inzwischen habe ich gelernt, mit meinen Anfechtungen im Glauben umzugehen. Es gab dabei kein Aha-Erlebnis, sondern es hat sich einfach durch die Vielzahl der Konflikte, in die ich einbezogen wurde, eine gewisse Routine für den Umgang mit ihnen ergeben. Ich habe auch gelernt, dass inhaltlich unliebsame Dinge durch freundliches Erklären und für Verständnis werben den Menschen durchaus nahegebracht werden können. Das Wie hat für mich einen höheren Stellenwert gegenüber dem Ob bekommen. Dadurch kann ich heute viel öfter sagen: Jesus hätte vielleicht auch so gehandelt. Ein bisschen tröstet es mich (mit einem gewissen Augenzwinkern) auch, dass Jesus ja auch Anwalt war und ist – wenn auch kein Jurist. Also fast ein Kollege ...

Vielleicht bin ich inzwischen auch deshalb mit meinem Beruf eher im Reinen, weil ich seit einigen Jahren in unserem Kirchenvorstand mitarbeite und meine Gaben dort einbringen kann. Zusätzlich ist heute meine berufliche Arbeit als Unternehmensjurist nicht mehr ganz so unmittelbar mit menschlichen Schicksalen verbunden. Dennoch möchte ich diese Zeit, in der ich menschlich sehr viele Erfahrungen gesammelt habe, nicht missen. Sie haben mich geprägt und mir gezeigt, dass Glaube und Beruf durchaus vereinbar sind. Ich habe meinen Frieden damit und mein persönlicher Anwalt, Jesus, auch.

Spender des Lebens,
gib mir die Kraft, meine Arbeit mit Bedacht zu tun
entsprechend dem Ziel, das Leben derer zu hüten,
die mir anvertraut sind.

Bewahre meine Lippen vor verletzenden Worten,
gib mir klare Augen, die das Gute in andern sehen können.
Gib mir sanfte Hände, ein warmes Herz
und eine geduldige Seele.

Dass durch deine Gnade Schmerzen gelindert werden,
Krankes gesund wird, Gemüter gestärkt werden
und der Lebenswille wieder wachse.

FLORENCE NIGHTINGALE

30 Dennoch verändert Gebet

DORIS DANIEL

Dennoch: ein Trotzwort, ein Widerstandswort, ein Mutwort, vor allem aber ein Glaubenswort. Rückblickend ist für mich Glaube immer mehr zum Dennoch-Glauben geworden. Denn er steht im krassen Gegensatz zu unserer normalen Lebenswelt, die nach der Devise tickt: Immer höher, immer weiter, immer mehr – und das alles ohne Gott, aus eigener Klugheit und Kraft und auch gegen andere, wenn es denn sein muss. Christlicher Glaube dagegen ist das feste Vertrauen auf den in Jesus Christus sichtbar gewordenen Gott der Liebe, den seine Kinder trotz Not, Schuld und Tod hier schon erfahren und den sie einmal in ganzer Herrlichkeit schauen dürfen.

Von dieser Erkenntnis war ich als junge unbekümmerte Christin meilenweit entfernt. Mein damaliges Glaubensgefühl drückte sich eher in dem Bibelvers aus:»Mit dir erstürme ich Wälle, mit meinem Gott überspringe ich Mauern« (Psalm 18,30). Ich fühlte mich stark, mit Gott an meiner Seite ganz besonders. Etwa in diese Zeit fiel eine Begebenheit, die wie eine Initialzündung für meine Glaubensentwicklung war. Deshalb will ich diese Dennoch-Geschichte erzählen, wie sie mir in Erinnerung geblieben ist.

Nach drei Jahren Erziehertätigkeit und einem Au-pair-Jahr in London begann ich eine Ausbildung zur Gemeindediakonin. Überzeugt davon, Gottes Weg einzuschlagen, motiviert und mit theologischem Wissensdurst begann ich damit.

Schnell merkte ich, dass einer meiner Dozenten absolut nicht meine Wellenlänge hatte. Er war mir schlichtweg unsympathisch. Sowohl menschlich als auch von seiner erfahrungslastigen Theologie her stimmte unsere Chemie absolut nicht überein. »Wie soll ich mit diesem Menschen nur klarkommen? Meine kostbare Zeit ist mir zu schade für seinen Unterricht. Ordentliche theologische Wissensvermittlung kann ich mir abschminken bei ihm.« Solche und ähnliche Gedanken gingen mir in jugendlicher Überheblichkeit durch den Kopf.

Einige Wochen ärgerte ich mich, hatte natürlich keinen Lerngewinn und war unzufrieden mit der Situation. Halbherzig betete ich manchmal um eine Änderung, aber nichts Wesentliches geschah. Bis zu dem Tag, als besagter Dozent die täglich stattfindende Andacht in unserer Kapelle hielt. Was er sagte, habe ich schon damals nicht aufgenommen, abgesehen von wenigen Sätzen. Doch diese hakten sich in mir fest. Sinngemäß lauteten sie: »Das ernsthafte Gebet ändert Beziehungen. Wenn Sie wirklich wollen, dass sich Ihr verkorkstes Verhältnis zu einem Menschen positiv verändert, dann beten Sie täglich für ihn. Segnen Sie ihn. Sprechen Sie ihm Gutes von Gott her zu, anstatt Gott zu bitten, ihn nach Ihren Vorstellungen zu verändern.«

Diese Worte, die ich in der Andacht nur verwundert zur Kenntnis genommen hatte, kamen mir in den folgenden Tagen immer wieder in Erinnerung. Sie lösten widersprüchliche Gefühle und Gedanken in mir aus, doch ich konnte sie nicht ignorieren. Im beginnenden Dialog mit Gott begriff ich sie schließlich als seine Herausforderung an mich. Sein Heiliger Geist schubste mich, für meinen Dozenten genau so zu beten, wie dieser das in seiner Andacht gesagt hatte: ernsthaft, segnend, täglich. Zunächst gegen meine negativen Gefühle, wurde diese Übung von Tag zu Tag etwas leichter. Irgendwann registrierte ich, dass ich den Lehrveranstaltungen dieses Dozenten etwas abgewinnen und mich mehr und mehr auf seine Theologie und die Art seiner Vermittlung einlassen konnte.

Nach einem Prozess von mehreren Wochen musste ich beschämt feststellen, dass Gott nicht in erster Linie meinen Dozenten, sondern mich und meine Einstellung zu ihm verwandelt hatte. Dieser Dozent wurde in den nächsten Jahren ein wichtiger geistlicher Vater für mich. Von ihm lernte ich nicht nur gute gründliche Theologie, sondern auch ganz praktischen Alltagsglauben. Heute noch erinnere ich mich dankbar an ihn. Gott hatte ihn gebraucht, um mich beten zu lehren und in den folgenden Jahren den Dennoch-Glauben in mir wachsen zu lassen. Gott zu vertrauen, trotz widriger Umstände, dagegensprechender Gefühle, trotz Scheitern und Schuld, damit seine Kraft in der eigenen Schwachheit zum Zug kommen kann, bleibt auch weiterhin meine Lektion.

Ein Zitat von Rabindranath Tagore begleitet mich schon viele Jahre und bringt für mich den Dennoch-Glauben in einem wunderschönen Bild auf den Punkt: »Der Glaube ist wie ein Vogel, der singt, wenn die Nacht noch dunkel ist.«

WAS FÜR EIN FREUND

Was für einen Freund haben wir in Jesus!
Er trägt unsere Sünde und unseren Kummer.
Was für ein Privileg, dass wir ihm alles im
Gebet bringen dürfen!
Uns geht viel Frieden verloren, wir ertragen viel unnötigen
Schmerz,
weil wir ihm nicht alles überlassen!

Wenn wir in Schwierigkeiten, Nöten und Problemen stecken,
soll uns das nie den Mut rauben,
denn wir bringen es vor Gott.
Wo gibt es noch einen so zuverlässigen Freund,
der jede Sorge mit uns teilt?
Jesus kennt auch unser Versagen und jede
unserer Schwächen.
Wir dürfen ihm wirklich alles sagen!

Wenn wir mit Sorgen beladen sind und uns
die Last zu schwer wird,
finden wir beim Beten Zuflucht in Gott,
dem wunderbaren Retter.
Wenn unsere Freunde auf uns herabschauen
oder uns sogar vergessen,
dürfen wir in Gottes Arme kommen, die uns aufnehmen und
beschützen.
Bei ihm finden wir Trost und Frieden!

JOSEPH MEDLICOTT SCRIVEN

31 Dennoch vertrauen

ESTHER MANN

Dennoch vertrauen, das haben mein Mann und ich vielen Menschen in unzähligen Seelsorgegesprächen empfohlen. Mein Mann tat es sogar beruflich. Es ist das eine, anderen zu raten, die in Not sind – jedoch etwas ganz anderes, wenn es mich selbst an Leib und Leben betrifft.

Mein Mann wurde arbeitslos. Er konnte manche Situationen an seinem Arbeitsplatz nicht mittragen und beschloss, die Stelle selbst zu kündigen – mit allen Konsequenzen. Wir hatten inneren Frieden darüber. Aber menschlich gesehen war es völlig verrückt. Wir hatten unsere fünf Kinder in Schule, Ausbildung und Studium. Das eigene Haus war noch nicht abbezahlt. Ich selbst hatte nur einen Minijob in der Pflege.

Dennoch haben wir es gewagt. Die Entscheidung war richtig und ein Gehorsamsschritt im Vertrauen darauf, dass wir nie tiefer fallen als in Gottes Hand. Leicht daher gesagt, aber schwer in der Umsetzung. Es war ein Schritt ins Leere – erst mal.

Da gehen einem schon wilde Gedanken durch den Kopf, auch Ängste und das Gefühl, den Boden unter den Füßen zu verlieren. Wenn ich unser Leben davor mit einem Weg vergleiche, dann fällt mir dazu eine gute und schnelle Fahrt auf der Autobahn ein. Hier und da mal eine Baustelle, aber nie wirklich ein Unfall oder sonstige schlimme Schäden.

Nach der Kündigung glich unser Leben einem holprigen Waldweg mit vielen Wurzeln und Schlaglöchern. Der Blick um die nächste Biegung nicht möglich.

Doch zu der Zeit haben wir besonders gespürt, dass wir Freunde haben. Sie haben uns Mut gemacht zum Vorwärtsgehen. Sie haben uns besucht, uns beschenkt, für uns gebetet und uns gestärkt. Unsere Freunde haben uns gesagt, dass es richtig ist, dennoch zu vertrauen. Nun konnten sie uns diese Worte sagen. Denn die Worte, die du brauchst, kannst du dir nicht selbst sagen.

Letztendlich waren sie es auch, die meinem Mann zuerst einen Minijob und vier Wochen nach der Kündigung sogar eine neue Festanstellung besorgt haben. Auch ich habe mich für eine Festanstellung in meiner Pflegeeinrichtung beworben. Als ich mit meiner Chefin sprach, sagte sie, dass vielleicht eine Stelle frei würde. Denn genau am selben Tag hatte eine Kollegin ihre Schwangerschaft bekannt gegeben. Es war eine Gebetserhörung, dass ich die Stelle übernehmen konnte.

Ich glaube, dass Gott uns in jeder Notlage so viel Widerstandskraft gibt, wie wir brauchen. Aber er gibt sie nicht im Voraus, damit wir uns nicht auf uns selbst, sondern allein auf ihn verlassen.

DIETRICH BONHOEFFER

Diese Dennoch-Tage, auch wenn es nur einige Wochen oder Monate im Leben sind, sie müssen durchlebt werden. Die Gefühle fahren Achterbahn. Mal klappt es mit der frohen Zuversicht, ein anderes Mal nicht. Und da waren ja auch noch unsere Kinder. Sie waren genauso betroffen von der Situation und haben mal mehr, mal weniger gelitten. Diese Wochen waren für uns alle schwer und ich möchte sie nicht noch einmal durchstehen müssen. Dennoch wurden wir gehalten, als wir keine eigene Kraft mehr hatten.

In Gottes Augen waren diese Dennoch-Tage wohl wichtig

für unser Leben. Wir haben es erlebt, dass es stimmt, was geschrieben ist im Buch der Bücher: Er hält uns bei unserer rechten Hand. So hat er es in seinem Wort versprochen. Darauf können wir bauen und vertrauen.

Denn ich bin der Herr, dein Gott. Ich nehme dich an deiner rechten Hand und sage: Hab keine Angst! Ich helfe dir.

JESAJA 41,13

32 Dennoch in Schwachheit stark

JÜRGEN METTE

I ch erinnere mich noch genau an das kleine Laubsägekunstwerk meiner Vorschulzeit mit diesem merkwürdigen Titel *Dennoch*. Schon früh hat mein Vater uns Kinder in den Wintermonaten an diesen kreativen Zeitvertreib herangeführt. Er lieferte die Vorlagen und wir haben gesägt. So entstanden viele Schriftzüge: *Dennoch, Aber Gott, Jesus lebt!* und so weiter. Heute fallen mir solche feinmotorischen Arbeiten aufgrund meiner Parkinsonerkrankung schwer. Aber das Dennoch hat für mich an Bedeutung gewonnen.

Bei Paulus, dem berühmten Völkermissionar, prägenden Theologen und Gründer der Urgemeinden, lerne ich, einen Sinn in meiner Erkrankung zu entdecken.

Jesus Christus spricht zu Paulus:»Meine Kraft ist gerade in den Schwachen mächtig!« (2. Korinther 12,9). In Schwachheit stark? In Ohnmacht mächtig? Wer soll das verstehen? Diese Briefnotiz des Apostel Paulus an die Gemeinde in Korinth war mir immer ein Rätsel. Ich habe darüber oft gepredigt, aber mich hat es ja lange Zeit nicht persönlich betroffen.

Nach dem die Korinther sich ständig ihrer besonderen religiösen Erfahrungen gerühmt hatten, steigt Paulus – vielleicht mit einem Augenzwinkern – auf die gleiche Tour ein. Wenn sich hier schon gerühmt wird, dann kann er auch etwas beisteuern. Wenn die Korinther ihm schon eine Debatte aufzwingen wollen, dann sollen sie was zu knabbern haben. So schreibt er:»Gott selbst hat dafür gesorgt, dass ich mir auf die unbeschreiblichen Offenbarungen, die ich empfangen habe, nichts

einbilde. Deshalb hat er mir ein quälendes Leiden auferlegt«
(2. Korinther 12,7). Wörtlich heißt es: einen Pfahl ins Fleisch
gegeben. Das muss die Korinther nun endgültig verwirrt haben. Gott
hat die Macht, gesund zu machen. Sie haben selbst die Gabe
der Krankenheilung in ihrer Gemeinde und Paulus, das große Glaubensvorbild, lebt heimlich mit einem pathologischen
Befund? Das gibt's doch nicht! Christsein und Kranksein, wie
passt das zusammen? Ratlosigkeit, während der Brief in der Gemeinde von Korinth vorgelesen wird. Der Apostel fühlt sich von
einem Engel Satans gepeinigt. Gibt's denn so was? Dreimal hat
er um Heilung gebeten und nichts ist passiert? Da fällt doch der
Glaube an den Allmächtigen wie ein Kartenhaus zusammen!

Ja, so etwas gibt es! Hier und heute, nicht nur bei Paulus. Ich
habe in meinem engsten Familienumfeld erlebt, dass Menschen im tiefen Vertrauen auf Gott Heilung erlebt haben. Und
wir haben erlebt, dass andere endlos gelitten haben und trotzdem im Einklang mit Gott gestorben sind.

Paulus hätte gar nicht mit seiner Krankengeschichte ausge-
packt, wenn die Korinther ihn nicht so provoziert hätten. Nun
ist es raus. Seitdem wird geforscht, was er denn gehabt haben
könnte. Epilepsie, endogene Depressionen, Magenleiden, Au-
genleiden? Viel Spekulation, aber kein eindeutiger Befund.
Paulus selbst trägt nichts zur Klarheit bei. Er hat kein großes
Aufheben darum gemacht. Er wusste, dass diese Krankheit
von Gott verordnet ist. Sie war das Gegengewicht zu seiner au-
ßerordentlichen apostolischen Begabung. Ein Gang durch die
Kirchengeschichte zeigt uns diese bedrückend einfache Glei-
chung: Wem viel anvertraut ist, von dem wird viel gefordert.

Aber das heißt doch, dass meine Schwachheit kein Hin-
dernis für ein erfülltes Leben ist, dass Gott mich trotzdem gebraucht, sich meiner Schwachheit bedient und etwas Starkes

daraus macht. Gerade die Schwachheit in meinem Leben kann Ziel und Sinn haben. Vielleicht sind mir die größten Segnungen Gottes nicht zugänglich geworden, weil ich zu sehr auf meine eigene Kraft gesetzt habe.

Führe, leite und bereite
mich, wie du mich haben willst,
gib mir Klarheit, Geist und Wahrheit,
dass ich gleich sei deinem Bild,
dass man merke, meine Stärke
sei in dir und du mein Schild.

MAGDALENA SIBYLLA RIEGER

33 Dennoch hörst du mein Schweigen

BIRGIT ORTMÜLLER

Zum Sommeranfang wurde mein – oder besser: unser – Leben von einer auf die andere Minute, vollkommen unvorbereitet, komplett auf den Kopf gestellt. Meine Mutter hatte an einem Montagmorgen im Juni einen Termin zur Darmspiegelung. Keine Anzeichen für eine ernsthafte Erkrankung lagen vor, es sollte lediglich eine Routineuntersuchung sein. Ich habe nicht ein einziges Mal, aber auch nicht eine Sekunde, daran gedacht, dass etwas nicht in Ordnung sein könnte. Es gab keinerlei Beschwerden und meine Mutter sah frisch und gesund aus, umso mehr traf uns diese schreckliche Diagnose.

Das Mittagessen war gerade fertig, als das Telefon schellte. Ich ergriff munter den Hörer und hörte die Stimme meines Vaters am anderen Ende der Leitung. Zunächst klang er ruhig und gefasst und bat darum, mich erst einmal hinzusetzen. Dann weinte er verzweifelt und erzählte, dass ein bösartiger Tumor im Darm meiner Mutter gefunden worden war. Die Ärzte hatten zu diesem Zeitpunkt schon ausgeschlossen, dass es sich um einen gutartigen Befund handeln könnte. Die Diagnose war eindeutig und nicht gut. Die Gedanken überschlugen sich regelrecht in meinem Kopf, von Ungläubigkeit bis Verzweiflung und Unsicherheit war alles dabei. Ich war völlig durcheinander, zu alledem musste ich am gleichen Nachmittag noch an einer wichtigen Sitzung teilnehmen. Das Leben war plötzlich so unwirklich und überschattet, es war nichts mehr wie am Vormittag oder auch nur einer Stunde zuvor. Dieser eine Anruf veränderte alles und rüttelte an meinen Grundfesten. Schweren Herzens fuhr ich zu der geplanten Besprechung. Wie ich dort hingekommen bin, ist mir heute noch schleierhaft, ich habe nur noch funktioniert.

Meine Mutter war gefasst und trotz aller Nöte und Ängste getragen und ruhig. Sie wurde erfolgreich operiert, doch die Zeit in der Klinik war schwer und eine große Herausforderung für sie und uns. Ich habe meine Mutter selten körperlich so schwach gesehen. Ihr Genesungsprozess ging nur schleppend voran und ließ mich manchmal verzweifeln. In all dieser Zeit war der Austausch mit meinem Herrn eher verhalten und manchmal sogar stumm. Vieles gab es zu bedenken und zu erledigen, das Leben musste ja weitergehen und dennoch fühlte ich mich gerade jetzt so geborgen und umgeben von Gottes Liebe und seiner Nähe.

In Gedanken habe ich oft formuliert:»Wenn du, Herr, denkst, wir können diese Situation tragen, dann hilf du auch. Gib die Kraft, die nötig ist!« Mit diesem Satz bin ich häufig in den Tag gestartet. Vielmehr konnte ich meistens nicht mehr sagen und dennoch wusste ich, Gott hat mich verstanden, er hat alles in der Hand und geht mit. Nach vier Wochen des Wartens erhielten wir endlich eine Nachricht über den Befund. Wieder rappelte das Telefon, doch diesmal überbrachte mir meine Mutter persönlich diese wunderbare Nachricht: Der bösartige Tumor hatte nicht gestreut und kein umliegendes Gewebe angegriffen.

Zum Sommerende hin hat unser Leben wieder an Normalität gewonnen, wir leben wieder wie gewohnt unseren Alltag und sind sehr dankbar dafür. Im Nachhinein liegen harte Wochen hinter uns, geprägt von Unsicherheit, Angst, Zweifel und auch von Anklage. Gott lässt auch diese Zeiten zu, er begleitet häufig im Verborgenen, geht mit durch den Tag, trägt uns und manchmal heilt er auch – wie in unserem Fall. Ohne seinen Beistand hätte ich diese schwere Last sicherlich nicht tragen können, denn es galt, stark zu sein. Meinen Eltern, aber auch unseren Kindern gegenüber, die ihren Großeltern sehr verbunden sind. Wir alle haben Gottes Nähe und Beistand sicherlich ganz unterschiedlich erfahren, jeder so, wie er es brauchte. Gott ist da sehr großzügig und individuell, da er uns bestens kennt. Wo unsere Gebete verstummten, haben viele Menschen ihre Hände gefaltet und um Hilfe und Heilung gebeten. Gott sieht in unser Herz und hört auch unser Schweigen, er verwandelt Traurigkeit in Freude. Lob und Dank, auch wenn es nicht leicht war, so durften wir dennoch Gottes Hilfe ganz konkret erfahren.

Gerade da hebt sich das Vertrauen auf Gott am höchsten,
wo die menschlichen Hoffnungen am tiefsten sinken.
Denn wo alle menschliche Hilfe weicht,
da macht sie der göttlichen Platz.

IGNATIUS VON LOYOLA

---

34 Dennoch auf weitem Raum

SUSANNE SCHERER

Nachdem ich mich mit über 40 noch einmal auf das Abenteuer eingelassen habe, Theologie zu studieren, hielt ich
im September 2019 endlich die Zulassung zum Vikariat, dem
praktischen Teil der Ausbildung zur Pfarrerin, in Händen. Nun
begann die nächste und letzte Etappe der Ausbildung. Endlich
Gemeindearbeit statt theologischer Lektüre und Diskussion.
Endlich nicht nur Lesen, Hören, Reflektieren, sondern Reden,
Zuhören und Handeln. Religionsunterricht zu erteilen hatte
dabei eine hohe Priorität, deshalb verbrachte ich zunächst die
meiste Zeit in der Schule. Dennoch versuchte ich, so oft wie
möglich den Gottesdienst zu besuchen und in die Gemeindeak-
tivitäten hineinzuschnuppern.

Im Februar stieg die Vorfreude auf die kommende Phase, in
der ich endlich den größten Teil meiner Zeit in der Gemeinde
verbringen würde. Ich plante bereits Besuche in den verschie-
denen Gruppen und freute mich darauf, sie mitzugestalten.
Doch dann kam Mitte März 2020 der Lockdown. Die Corona-
pandemie brachte das Gemeindeleben komplett zum Erliegen.
Gottesdienste konnten nicht mehr im vertrauten Kirchenraum
gefeiert werden, Orgel und Gesang verstummten, Gruppen trafen sich nicht mehr und neue Projekte rückten in weite Fer-
ne. Mutlos fragte ich mich, wie unter diesen Einschränkungen
eine Ausbildung zur Pfarrerin aussehen sollte.

Psalm 31 kam mir in den Sinn: Der Psalmbeter ist in Not,
dennoch macht er die Erfahrung:»Du, Gott, stellst meine Füße
auf weiten Raum« (Psalm 31,9). Mein Gefühl war dagegen, un-
freiwillig in eine Enge ohne Ausgang geführt worden zu sein.

Wo war hier der weite Raum?

Gott schaffte ihn – dennoch. Ab Mai entwickelten wir in einem Team eine neue Art von Gottesdienst: Jeden Sonntag wurde an einem anderen Ort im Dorf gefeiert. In Gärten oder auf Straßenkreuzungen trafen sich Menschen, um zusammen zu singen (das war draußen noch möglich), zu beten und auf Worte der Bibel zu hören. Das, was mit dem Lockdown unmöglich erschien, war jetzt dennoch und dazu auf eine ganz neue Art möglich: gemeinsame Treffen, um achtsam zu sein auf das, was Gott zu sagen hat – gerade in dieser besonderen Zeit. Und trotz dieser Zeit mit ihren vielen Einschränkungen. Es kamen an etlichen Sonntagen mehr Menschen zusammen als sonst üblich. Die Atmosphäre war gesegnet. Ich erinnere mich an einen Pfingstgottesdienst, der auf einem Spielplatz mit herrlicher Aussicht stattfand und bei dem der Geist des Pfingstfestes im wahrsten Sinne des Wortes wehte.

Mitzubringen zu diesen Gottesdiensten war eine Sitzgelegenheit, in der Regel ein Klappstuhl. Er ist mir zum Mut machenden Bild geworden: In Zeiten, die mir eng und aussichtslos vorkommen, kann ich dennoch meinen Klappstuhl in Gottes Gegenwart aufstellen. Sein Geist ist nicht abhängig von Kontaktbeschränkungen, Gebäuden oder Gewohnheiten. Ich kann ihn aufklappen und mich seufzend darauf niederlassen und mit dem Psalmbeter sprechen: »Du stellst meinen Klappstuhl auf weiten Raum.«

Leben
bricht unmerklich hervor
lässt sich nicht aufhalten
setzt sich durch
Leben
widersteht der Hitze
sprosst aus dem Boden
trotzt dem Tod
Leben
ist stärker
widerstandsfähiger
lebendiger
Leben
gibt Hoffnung
und Zuversicht
sagt mir zu:
Du wirst leben.

FABIAN BRAND

35 Dennoch gehe ich meinen Weg mit Jesus

ULRICH MUTH

Dennoch gehe ich meinen Weg mit Jesus, weil er der Weg, die Wahrheit und das Leben ist. Solch ein Satz mutet eher als Schlusssatz oder Resümee an denn als Eingangsstatement. Aber der Reihe nach.

Als bekennender Christ stößt man immer wieder auf Situationen, die einem das Dennoch in den Kopf schießen lassen. Da ich mich häufiger »zwischen den Welten« aufhalte, passiert mir das öfter.

Da ist mein aus Atheisten, Pantheisten, Namenschristen und bekennenden Christen zusammengewürfelter Freundeskreis, der mir schon die eine oder andere subtile Verletzung zugefügt hat. Gerade noch vor fünf Minuten feierten wir gemeinsam und alle schienen eine Einheit in den Tiefen der Oberflächlichkeiten zu bilden. Da verabschiede ich mich von den anderen, weil am nächsten Morgen die Abkündigungen und die Schriftlesung im Gottesdienst anstehen, anschließend muss noch die Kollekte gezählt werden und dann müssen die Gottesdienst-CDs zu den Alten und Kranken gebracht werden. Verständnis und Respekt erwarte ich nicht unbedingt, aber ein kleiner erhobener Daumen wäre schon schön gewesen. Doch alles, was ich ernte, ist ein lächelndes Kopfschütteln. Dennoch gehe ich – frohen Mutes. Die Vorfreude auf den nächsten Tag lasse ich mir nicht verderben.

Da sind die Sportkollegen, deren Glaubensüberzeugungen ich kaum kenne, da hier das gemeinsame Hobby im Vordergrund steht und die Gespräche meistens darum kreisen. Sitzt man doch mal länger beisammen, bekenne ich meinen Glauben gerne und stehe unverrückbar für Jesus ein. Beipflichtungen sind in der Regel recht zaghaft, aber trifft man dann später den einen oder anderen unter vier Augen, erntet man doch auch Lob und Anerkennung für die Standhaftigkeit. Manchmal outen sich die vorher Stummen als Weggefährten in der Sache Jesu Christi. »Immerhin!«, denke ich dann und versuche mein Gegenüber zu ermutigen, auch zu Jesus zu stehen. Rückblickend macht mir es dennoch Freude, ein Zeuge Jesu zu sein.

Da sind die Arbeitskollegen, glaubenstechnisch natürlich ein bunter Haufen. Unter den anderen Lehrern der Berufsschule, an der ich unterrichte, sind oft die Atheisten die Lautsprecher. Aber lauscht man in den großen Pausen im Lehrerzimmer, vernimmt man – in Rückbetrachtung der gerade vergangenen Doppelstunde – überraschender Weise oft ein Bibelzitat aus dem Matthäusevangelium: »Das waren wieder mal Perlen vor die Säue!« Gut, zugegeben, Jesus hatte sicherlich nicht Mathe, Englisch und Chemie im Sinn, als er seine Jünger mahnte, Heiliges nicht zu verschleudern. Hier will ich in Zukunft lauter werden, so mein Vorsatz.

Da sind die Schüler in meinem Religionsunterricht. Sie eint die Suche nach dem Transzendenten, auch wenn sie aus den verschiedensten Religionen und Glaubensrichtungen stammen. Doch wenn ich hier von Jesus erzähle, ist das Interesse meistens sehr groß. Schon mehrfach durfte ich erleben, wie Schülerinnen begannen, sich für die Bibel und den Glauben an Christus zu öffnen. Dass es hier Früchte trägt, mich zu Jesus zu bekennen, hilft mir, auch die schwierigeren Situationen zu ertragen.

Und so halte ich dennoch an ihm und seinem Wort fest. Dennoch gehe ich meinen Weg mit Jesus, entgegen aller Widerstände und Vorbehalte. Denn er ist der Weg und die Wahrheit und auch alles Leben.

Aber den Mut zur Hoffnung zu haben
und mit keinem billigen Pessimismus sich zu begnügen,
ist auch nichts Kleines.

JOCHEN KLEPPER

---

36 Dennoch aus seiner Kraft leben

JOHANNA ULRICH

Eva ist Mitte 30. Seit Kurzem bekommt sie Rente, gut 200 Euro pro Monat. An manchen Tagen ist sie dem Schicksal gram. So gern würde sie in einem kleinen Häuschen wohnen, am liebsten verheiratet, eventuell mit Kind, ganz bestimmt aber mit einer Katze. Eva würde so gern arbeiten gehen, Familie, Heim und Garten versorgen. Warum reichen ihre Kräfte nur für die minimale Sparversion? Wie lebt man mit Diagnosen, die nicht auf den ersten Blick erkennbar sind? Wie schafft man es dennoch, jedem Tag einen Sinn zu geben?

Evas sprachliche Hochbegabung macht sie zum Lieblingsmenschen eines jeden, der der deutschen Sprache nicht mächtig ist, denn sie kann auf Menschen zugehen, sie ansprechen und wird sich in deren Muttersprache verabschieden. Das Sprachstudium war ihr eine Freude, aber Eva beendete es ohne Abschluss. Wer weiß schon, wie es sich anfühlt, wenn Ängste einen derart lähmen, dass Denken unmöglich ist? Später wagte sie dennoch an einer privaten Schule eine Berufsausbildung. Dank ihrer Fähigkeiten und der liebevollen Begleitung dort gelang der Kampf trotz Tränen und Verletzungen. Nach zwei Jahren hielt sie ihr internationales Diplom in den Händen.

Die Freude war riesig, Eva jedoch völlig erschöpft. Sie brauchte eine Auszeit. Und diese nahm sie, reflektierte, übte, lernte. Der anschließende Weg zu einem Arbeitsplatz war nicht leicht, dennoch schaffte sie es. Eva versuchte, so zu sein wie die anderen. Doch sehr bald brauchte sie all ihre Kräfte, um den Schein nach außen zu wahren. Nach der Arbeit schleppte sie sich nur noch nach Hause. Keine Kraft mehr für den Haushalt. Keine Kraft für Hobbys oder Freunde. Kaum noch Kraft zum Leben. Eines Tages schoss ein stechender Schmerz in ihren Rücken. Eva ging trotzdem zur Arbeit, schlich am Abend mit letzter Kraft in die Notaufnahme. Sie hatte einen Bandscheibenvorfall. Nichts ging mehr.

Die junge Frau durfte, musste ausruhen. Und sie begann, ihr Leben zu ändern. Mit beherrschbaren Rückenproblemen fuhr Eva noch einmal zur Reha, kümmerte sich um ihren Seelenschmerz. Im Süden Deutschlands traf sie mit Ärzten und Therapeuten gute und richtige Entscheidungen, füllte Anträge und Formulare aus, versuchte ihre Grenzen zu akzeptieren. Wieder zu Hause begann allmählich ein Prozess. Eva suchte sich Hilfe, um Liegengebliebenes aufzuarbeiten, erweckte den Balkon zu einer blühenden Oase, stellte ihre Ernährung um, machte Gymnastik.

Wie ein Geschenk des Himmels zog eine Freundin ganz in die Nähe. Manchmal liegen liebe Kartengrüße im Briefkasten. Sie weiß, es gibt Menschen, die kann sie jederzeit anrufen. Sehr, sehr langsam zog wieder Freude ein.

Eva lernt immer besser, sich mit ihren eingeschränkten Kräften als vollwertigen, liebenswerten Menschen anzunehmen. Möge sie sich den wachen Blick und ihre Freude an kleinen Dingen, wie dem Schnurren einer Katze, dem Blühen in einer Mauerritze, dem Besuch der Hummeln und Vögel auf ihrem Großstadtbalkon oder dem Lächeln eines Fremden erhalten, dass Tage, an denen es trotz Sonnenschein nicht hell wird, dennoch lebenswert sind.

Und wenn die Corona-Pandemie vorbei sein wird, kann Eva endlich ihren Traum vom Singen in einem Chor verwirklichen. Bis dahin singt sie allein »Gib mir Kraft für einen Tag«, ein Lied, das Rudolf Lehmann-Filhes vor über hundert Jahren schrieb. Dennoch begleiten seine Worte auch heute noch unsere Familie. Eva ist unsere Tochter, und wir sind sehr stolz auf sie!

GIB MIR KRAFT FÜR EINEN TAG

Gib mir Kraft für einen Tag, Herr, ich bitte, nur für diesen,
dass mir werde zugewiesen, was ich heute brauchen mag.

Jeder Tag hat seine Last, jeder Tag bringt neue Sorgen,
und ich weiß, nicht, was für morgen Du mir,
Herr, beschieden hast.

Aber eines weiß ich fest: dass mein Gott, der seine Treue
täglich mir erwies aufs Neue, sich auch morgen finden lässt.

RUDOLF LEHMANN-FILHES

37 Dennoch ein erfülltes Leben

GEORG GROBE

Viele Menschen machen bewegende Erfahrungen mit Gott. Manche dieser Erfahrungen werden bekannt, wir lesen in Büchern darüber oder hören in Vorträgen davon. Aber von vielen Geschichten erfährt kaum jemand.

Als ich neu als Pastor in eine Gemeinde kam, sprach mich die Frau meines Vorgängers auf ein besonderes Gemeindemitglied an. Sie sagte:»Die Frau ist schwer krebskrank und wird mit dir demnächst über die Vorbereitung ihrer Beerdigung sprechen wollen.« Bald kam die besagte Frau tatsächlich zu mir. Sie war etwa Mitte fünfzig und Lehrerin. Aber es ging nicht um ihre eigene Beerdigung, sondern um die Hochzeit ihrer Tochter. Die wollte sie auf jeden Fall noch erleben.

Einige Zeit nach der Hochzeit der Tochter kamen wir wieder in Kontakt miteinander. Diesmal ging es um die Taufe eines Enkelkindes. Auch die wollte sie noch miterleben. Bei diesem Gespräch hatte ich zu meiner eigenen Überraschung den Mut, sie zu fragen:»Haben Sie denn nicht den Wunsch, auf lange Sicht gesund zu werden?« Das kam sehr überraschend für sie und sie brauchte Zeit, darüber nachzudenken.

Damals hatten wir in der Gemeinde damit angefangen, für Kranke zu beten – manchmal im kleinen Kreis, öfter auch im Anschluss an den Gottesdienst. Bei solchen Gebeten fragten wir die Menschen immer:»Können Sie auch dann glauben, dass Gott es gut mit Ihnen meint, wenn die Heilung nicht so eintritt, wie Sie sich das wünschen?«

Schließlich war die Frau bereit, für sich um Heilung beten zu lassen. Das haben wir dann in der Gemeinde nach dem Gottesdienst mehrfach für sie getan und es wurde tatsächlich besser mit ihr. Sie schöpfte aus dem Glauben an Jesus heraus neue Energie und fand den Mut, sich einer weiteren Chemotherapie zu unterziehen. Danach arbeitete sie weiter in ihrem Beruf als Lehrerin und arbeitete zunehmend in der Gemeinde mit. Nach ihrem Ruhestand war sie bereit, als Kandidatin für den Kirchenvorstand zu kandidieren und ihr Engagement in der Gemeinde wurde mehr und mehr.

Ein besonderer Höhepunkt war, als sie in einem Gottesdienst erzählte, was der Glaube für sie in ihrem Leben bedeutet. Selten habe ich erlebt, dass Menschen so aufmerksam zugehört haben wie in diesem Augenblick.

Als wir nach etwa zehn Jahren alle das Gefühl hatten, dass sie die Krankheit überwunden hatte, kam der Krebs doch zurück. Nach einer längeren Krankheitszeit ist sie schließlich daran gestorben. Aber für mich blieb der Eindruck, dass die besonderen Jahre davor die beste und intensivste Zeit ihres Lebens waren.

Für mich ist das eine Dennoch-Geschichte. Jemand glaubt gegen den Anschein, dass Gott es gut mit ihm meint und rechnet mit Gottes übernatürlichen Möglichkeiten. Die Geschichte zeigt aber auch, dass nicht alles in unserem Leben wieder so perfekt in Ordnung kommen muss, wie wir uns das für uns und andere Menschen manchmal wünschen. Dennoch kann Gott uns auch in Gebrochenheit ein erfülltes Leben schenken.

Ich wünsche mir, dass wir den Mut finden, nach solchen Glaubensgeschichten in unserer Umgebung zu fragen. Ich bin zutiefst davon überzeugt, dass es gut ist, von großen und kleinen Erfahrungen mit Gott zu sprechen und zu hören. Das kann uns alle ermutigen, ihm voll und ganz zu vertrauen.

38 Dennoch freundlich bleiben und beten

MARGA KLOCKE

An meinem Arbeitsplatz gibt es eine Kollegin in unserem Team, die uns immer wieder herausfordert. Der tägliche Umgang mit ihr und ihrem Verhalten fällt allen schwer. Keiner vermisst sie, wenn sie im Urlaub ist, im Gegenteil: Jeder ist dankbar für die kurze Auszeit. Ich sehe es als meine persönliche Herausforderung, dennoch einen guten Umgangston beizubehalten, auch wenn es mir nicht immer leichtfällt.

Es gibt zwar immer wieder Tage, an denen der Arbeitsalltag harmonisch ist und das Miteinander reibungslos verläuft, doch sie sind leider selten. Sobald sich bestimmte Regelmäßigkeiten verschieben, wird es schwierig, denn unsere Kollegin ist alles andere als flexibel und somit ist eine Konfrontation vorprogrammiert. Ihre Äußerungen und ihr unangemessenes Verhalten sind mitunter sehr schmerzhaft, besonders wenn sie ihren Willen nicht durchsetzen kann. Da alle die Auseinandersetzung mit ihr fürchten, hat sie Handlungsspielraum, den sie auch zu nutzen weiß.

Ich fühle mich ihr gewachsen und stehe über vielen Anfeindungen und doch habe ich zu knappern, manch verletzendes Wort tut weh und brennt sich in mein Gedächtnis ein. Manche Kollegen lassen sich nichts gefallen und kontern entsprechend. Auch ich könnte ihr die Gemeinheiten mit gleicher Münze heimzahlen, halte mich aber zurück. Als Christin suche ich andere Wege, sie zu erreichen und der mitunter heftigen Auseinandersetzung von vorneherein die Schärfe zu nehmen. Ich möchte ihr dennoch freundlich begegnen.

Im Grunde ist unsere Kollegin eine ganz verletzliche Person mit ihrer eigenen, negativ vorbelasteten Geschichte. Ihre harte Schale uns gegenüber ist ein Schutzmechanismus, in ihrem Inneren sieht es sicherlich ganz anders aus – und sie schafft es einfach nicht, über ihren eigenen Schatten zu springen. Vielleicht hilft ein freundliches Wort, sie aufzurütteln, alte Denkmuster abzulegen und andere Verhaltensweisen anzunehmen. Sie wendet sich hin und wieder an mich, sucht das Gespräch und Rat in mancherlei Dingen. Dann spüre ich deutlich, dass ich durch meine Haltung vielleicht langsam ihr Vertrauen gewinnen kann und Änderungen möglich sind. Ich fühle mich in meinem Handeln bestätigt und möchte daran festhalten.Auch wenn ich durch meine Zurückhaltung in Konfliktsituationen immer wieder benachteiligt bin, will ich ihr dennoch freundlich und offen begegnen, auch wenn ich selbst an meine Grenzen stoße. Sie soll etwas von dem Frieden Gottes und seiner Liebe spüren, die mich erfüllen und die mich befähigen, ihr möglichst gelassen gegenüberzutreten. Das ist mein tägliches Gebet.

WAGNISBEREITSCHAFT

Gesegnet,
wer andere liebt
ohne Gegenleistung.
Gesegnet,
wer vergeben kann
trotz aller Verletzung.
Gesegnet,
wer großzügig ist
unter aller Engstirnigkeit.
Gesegnet,
wer Neues wagt
ohne Sicherheitsnetz.
Gesegnet,
wer Vertrauen schenkt
trotz aller Enttäuschung.

KURT RAINER KLEIN

39 Dennoch Gottesdienst

MARTIN SCHOTT

D a hatte man es sich so schön eingerichtet. Sonntagmorgen, Frühstück um 8.30 oder 9.00 Uhr und dann gings in den Gottesdienst. Wer mehr wollte, ging unter der Woche noch in eine Bibel- oder Gebetsstunde. Etliche arbeiteten auch noch in einer Gemeindegruppe mit und alles war eingespielt. Ich wusste, wie ich an mein geistliches Futter komme und unbewusst war somit auch klar, wann Gott mir es zu geben hatte; auf jeden Fall am Sonntagvormittag in meiner Kirche. Natürlich hätte ich das nie so offen zugegeben, aber bei genauerem Hinsehen machte sich schon die Erwartung breit, dass Gott genau dann, wenn ich gerade da und bereit bin, mich anspricht.

Und so ging es viele Jahre, bis zum März 2020, bis zum ersten Lockdown wegen Covid-19. Mindestens zehn Sonntage ohne Gottesdienst, ohne Gruppen und Kreise, ohne Gemeinschaft und vielleicht sogar ohne Gott? Was war der Aufschrei groß in etlichen Gemeinden: Die Sonntagsgottesdienste sind noch nie ausgefallen, selbst zu Kriegszeiten nicht! Eingriff in die Religionsfreiheit! Das Wesen des Christentums wird angegriffen und zerstört! Gott selbst, so konnte man hier und da hören und lesen, werde angegriffen und das Ende sei nah.

Angegriffen wurde vieles, das stimmt, aber mit Sicherheit nicht Gott. Menschenleben standen auf dem Spiel und leider sind trotz aller Vorsichtsmaßnahmen viele verstorben. Was aber auf jeden Fall angegriffen wurde, war meine Sicht auf Gott und wie er handelt. Natürlich lässt sich Gott auf uns ein, auch auf unsere Gottesdienstzeiten und -orte, aber er ist immer noch Gott.

Gottes Reden, seine Nähe und sein Trost lassen sich nicht von unseren Vorstellungen und Wünschen aufhalten. In seinem Wesen liegt schon immer ein großes Aber. Und das habe ich während der Corona-Krise erlebt, besonders an Ostern. Fast hätte man Gott da reden hören können:»Ihr denkt, ich bin tot und verstummt? Ihr könnt euch nicht treffen und seid deswegen nicht sicher, ob ich noch da bin? Ich kenne eure Gedanken, Vorstellungen und Wünsche, aber davon bin ich nicht abhängig. Davon seid ihr selbst nicht abhängig. Ich bin Gott und nicht ein Mensch.«

Und Gott sei Dank gab es viele Christen, die mich daran erinnert haben. So kreativ waren die christlichen Gemeinden in den letzten 500 Jahren nicht. Gebetsspaziergänge, Stream- und Online-Gottesdienste, Andachten per Telefon, Päckchen mit Geschichten, Spielen und Kreativem für Jungscharkinder, Predigten per Podcasts und über die sozialen Medien. Ich habe es gefeiert, dass Gott so viel Kreativität und Solidarität geschenkt hat. Vieles, was wir sonst schon immer so gemacht haben, war nicht möglich, aber Gott hat mit uns und durch uns so viel Neues möglich gemacht. Ganz besonders an Ostern.

Ich bin 38 Jahre alt und habe es noch nie erlebt, dass auf Straßen mit Kreide geschrieben wurde:»Jesus lebt. Der Herr ist auferstanden.« Sonst gehen wir Christen gewöhnlich zur Osternacht, haben vielleicht ein leckeres Osterfrühstück, schleppen uns übernächtigt in den 10.00-Uhr-Gottesdienst und feiern dann mit der Familie. Dass andere Menschen mitbekommen, dass Ostern ist, liegt nicht daran, dass wir es ihnen sagen, sondern daran, dass sie frei haben. Und während Corona? Da waren die eben schon erwähnten Schriftzüge auf den Straßen zu lesen. Es gab so viele Passions- und Osterwege durch Städte und Dörfer für Erwachsene, Kinder und Jugendliche. Es gab Päckchen und Briefe mit der Osterbotschaft für

alle im Ort, nicht nur für die, die es um 5.30 Uhr in den Früh-
gottesdienst geschafft haben.

Gott findet Wege, um sich uns mitzuteilen. Er lässt sich ein
Stück weit auch auf unsere Möglichkeiten ein, aber er ist darauf
nicht festgelegt. Das will ich mir immer wieder ins Gedächtnis
rufen und somit auch bereit sein, meine eingefahrenen Wege
zu verlassen.

HOFFENTLICH

Der Hass macht von sich reden
im Netz und aller Welt
Der Hass sät die Gewalt aus
der leicht ein Mensch verfällt

Nur eine Hand die betet und eine die was tut
hält hoffentlich dagegen – und Gott gibt mir den Mut

Es darben Wald und Meere
es darbt die ganze Welt
Die Schöpfung liegt im Argen
und die Natur verfällt

Nur eine Hand die betet und eine die was tut
hält hoffentlich dagegen – und Gott gibt mir den Mut

Die Krankheit droht den Menschen
die Seuche aller Welt
Die Angst regiert die Herzen
die Lebensfreude fällt

Nur eine Hand die betet und eine die was tut
hält hoffentlich dagegen – und Gott gibt mir den Mut

So viele sind so einsam
in ihrer kleinen Welt
Verzweifelt und voll Sehnsucht
nach jemand, der sie hält

Nur eine Hand die betet und eine die was tut
hält hoffnungsfroh dagegen – und Gott schenkt uns den Mut

RÜDIGER JUNG

40 Dennoch zu Hause bei Gott

CAROLIN SCHNEIDER

Dennoch bleibe ich stets an dir.« Dieses Psalmwort stand auf der Traueranzeige meines Vaters, der im Alter von 69 Jahren an Krebs starb. Wie kam es zu dem Dennoch über seinem Leben?

Mein Vater wurde 1945 als fünftes Kind seiner damals 25-jährigen Mutter geboren. Sein Vater verstarb kurz vor der Geburt. Der Krieg war erst seit wenigen Monaten zu Ende und die Mutter war offensichtlich nicht in der Lage, sich angemessen um ihr Baby zu kümmern. Eine Tante fand meinen Vater eines Tages völlig abgemagert in seinem Gitterbettchen.

Mit sieben Jahren teilte seine Mutter ihm plötzlich mit, dass er bald auf eine neue Schule gehen werde. Am ersten Tag fuhr sie mit ihm dort hin und sagte:»Das ist deine neue Schule. Du gehst jetzt da rein und heute Mittag hole ich dich wieder ab.« Das waren die letzten Worte, die er von seiner Mutter hören sollte, denn er betrat in diesem Moment keine neue Schule, sondern ein Kinderheim. Seine Mutter holte ihn nicht wieder ab. Niemand holte ihn ab. Er blieb dort fünf Jahre lang. Man schrieb die Fünfzigerjahre und die Heimleiterin war, wie viele in dieser Zeit, von der harten Sorte. Wie er einige Jahre später erfuhr, war seine Mutter nach England gegangen, um dort ein neues Leben zu beginnen.

In all dem unglaublich Schweren gab es eine Person, die seinem Leben eine positive Richtung gab. Es war seine Fürsorgerin. Das Besondere an ihr? Sie betete mit ihm. Ganz schlicht. Mein Vater sagte später:»Ab da wusste ich, dass ich nicht mehr alleine bin.« Er hatte jemanden gefunden, zu dem er in seiner Not beten konnte. »Dennoch bleibe ich stets an dir, denn du hältst mich ...« So machte er die ersten Erfahrungen mit Gott. Als er später in eine Pflegefamilie kam, erlebte er sich dort als billige Arbeitskraft. Zeit zum Spielen mit Freunden fand er kaum, aber dennoch – er war immerhin Teil einer Familie. Er erlebte dort Menschen, die einen lebendigen Glauben an Gott hatten. Dort ging sein Herz auf. Er fand Heimat und er fand zum Glauben an Gott. Er war in der Dorfgemeinschaft beliebt und bei vielen sehr geschätzt. Der Pastor ermutigte ihn später sogar, die Bibelstunde zu halten. Er wurde gesehen und gefördert. Er, der Junge, der es scheinbar nicht wert war, bei seiner eigenen Mutter bleiben zu dürfen. Dennoch ...

Wie ging sein Leben weiter? Es war geprägt von vielen weiteren leidvollen Erfahrungen und schweren Jahren, besonders im Zusammenleben mit seiner Schwiegermutter. Sie konnte ihn einfach nicht annehmen und hat ihm das Leben schwergemacht, dennoch fühlte er sich von Gott getragen und gehalten. Gott schenkte nach über 25 herausfordernden Jahren sogar noch Versöhnung in dieser schwierigen Beziehung.

Für mich war mein Vater immer ein Ermutiger und ein Vorbild im Glauben. Wenn ich an ihn denke, sehe ich ihn vor meinem inneren Auge oft morgens in aller Frühe mit seinem Losungsbuch und der Bibel auf dem Sofa sitzen und beten. Dort war seine Quelle.

Er hat aus einer engen Beziehung zu Gott, der ihm wirklich zum Vater wurde, gelebt und daher alles bekommen, was er zum Leben brauchte. An seinem 60. Geburtstag hielt er eine Rede und bestätigte mit Josef (1. Mose 50,20): »Ihr gedachtet es böse mit mir zu machen, aber Gott gedachte es gut zu machen.« So konnte er am Ende seines Lebens nach schwerer

Krebserkrankung, die ein weiteres Kapitel seines Lebens war, aus tiefstem Herzen ein Dennoch ausrufen.

Ich wäre so gerne dabei gewesen und hätte zugeschaut, wie er vom himmlischen Vater in Empfang genommen wurde. Zum ersten Mal in seinem Leben wurde er von (s)einem Vater umarmt. Es muss wunderschön gewesen sein.

Glaubt an Gott und glaubt an mich!
Denn im Haus meines Vaters gibt es viele Wohnungen.
Sonst hätte ich euch nicht gesagt:
Ich gehe hin, um dort alles für euch vorzubereiten.
Und wenn alles bereit ist, werde ich zurückkommen,
um euch zu mir zu holen.
Dann werdet auch ihr dort sein, wo ich bin.
Den Weg dorthin kennt ihr ja.

JOHANNES 14,1–4

---

41 Dennoch Neuland wagen

SVENJA WILLERSHÄUSER

Dennoch und Neuland, zwei Wörter die auf den ersten Blick nicht direkt zusammenpassen und für mich doch vieles gemeinsam haben.

Ich starte mit meiner Reise am Hamburger Flughafen. Bei 28 Grad Außentemperatur stehe ich mit meinen Wanderschuhen, Winterjacke und voll gepacktem Rucksack an der Sicherheitskontrolle. Mein Zeitgefühl sagt mir, dass ich noch viel Zeit habe, bevor mein Flug nach Kristiansand in Norwegen startet. Als plötzlich mein Name durch die Lautsprecher in der Halle ertönt und ich aufgerufen werde, mich sofort zum Gate zu begeben, fange ich erst so richtig an zu schwitzen. In Panik, den Flieger zu verpassen, renne ich los, einmal quer durch den ganzen Flughafen. Durch meine Winterklamotten im Hochsommer und den Angstschweiß bin ich klatschnass geschwitzt. Aber ich habe es geschafft, ich sitze im Flugzeug und bin gespannt auf die Zeit in Norwegen – es ist Neuland für mich.

In der ersten Zeit stehen mir viele Hürden im Weg. Ich erlebe Tiefpunkte wie Heimweh, Angst vor dem Neuen und die Sorgen, ob mein Englisch gut genug ist, um an einer Schule zu unterrichten. Ich fühle mich von Gott allein gelassen und fange an zu zweifeln. Ungefähr zwei Wochen nach meiner Ankunft sitze ich an den Schärengarten der Küste, versuche den Blick aufs Wasser zu genießen und nehme mir Zeit für Gott und ein Buch.

Im ersten Moment fehlt mir die Freude an dem Buch, ich bin eigentlich mehr mit meinen Zweifeln und meiner Angst beschäftigt. Zweifel über meinen Glauben, meine Beziehung zu Gott und Angst vor dem Neuen in Norwegen. Während des Lesens bin ich immer wieder im Austausch mit Gott über die bevorstehenden Monate. Dabei wird mir klar, dass ohne eine Reise nach innen die Reise nach außen fruchtlos ist.

Außerdem fällt mir auf, dass die größte Niederlage in solchen Augenblicken diese ist, dass ich aufhöre, mich nach dem auszustrecken, was Gott eigentlich für mich vorbereitet hat. Denn das Außergewöhnliche und Unbeschreibliche spielt sich immer außerhalb meiner Komfortzone ab und ich muss sie jetzt endlich mal verlassen. Ich spüre: Nur wenn ich bereit bin, mich von der Küste zu lösen, an der ich gelangweilt sitze, werde ich auch die Chance haben, das Neuland zu entdecken, das auf mich wartet.

Ein breites Grinsen liegt auf meinem Gesicht. Das war es, diese Erkenntnis, dieser eine Moment, mein persönlicher Dennoch-Augenblick.

Denn so bitter ich auch diese Anfangszeit empfand, erlebte ich meinen Gott danach umso stärker und begriff, was es bedeutet, ihm mein ganzes Vertrauen zu geben und ihn mit in mein Leben einzubeziehen. Aus der ersten Wüstenzeit wurde eine Zeit, die erfüllt war von Begegnungen und Erlebnissen. Ich war innerlich erneuert und erlebte die Kraft Gottes ganz neu.

Seit diesem Moment gehe ich ermutigt und gestärkt durch die Tage und in viele neue Situationen hinein. Denn Gott zeigte mir immer wieder, welch unbeschreibliche Momente er für mich vorbereitet hat. Wenn ich ihm mein Leben voll hingebe und meine Zuversicht auf den Herrn setze – dann lässt er mich viele Dennoch-Momente erleben.

Schaut nach vorne, denn ich will etwas Neues tun!
Es hat schon begonnen, habt ihr es noch nicht gemerkt?

JESAJA 43,19

WEITERGEHEN

Und dann machen wir uns auf
zu neuen Ufern
schauen manchmal noch zurück
und irgendwann
mit etwas Abstand
bleibt vor allem Glück.

HANNA BUITING

42 Dennoch macht Gott keine Fehler

WALTRAUD BAUCH

W ir wünschten uns viele Kinder ... Nachdem unser erster Sohn drei Wochen zu früh und mit Steißlage das Licht der Welt erblickte, war die Freude riesengroß. Es wäre alles perfekt gewesen, wenn nicht nach ein paar Tagen meine Beine und Füße immer dicker geworden wären. Kein Schuh passte mehr, jeder Schritt ein Problem. Barfuß ging ich zu einem Facharzt und suchte Hilfe. Nach eingehender Untersuchung offenbarte mir dieser, dass ich auf gar keinen Fall noch weitere Kinder haben sollte. In meiner Verzweiflung rief ich zu Gott:»Das kann doch jetzt nicht dein Ernst sein!? So haben wir uns die Familienplanung aber nicht vorgestellt!«

Nach vielen Arztbesuchen und Behandlungen ging die Schwellung allmählich zurück und meine Beine und Füße normalisierten sich. Seither, und das seit über 46 Jahren, trage ich täglich Kompressionsstrümpfe.

Die Zeit verging und nach drei weiteren Jahren kam unser zweites Kind, eine Tochter, zur Welt. Gott sei Dank war sie gesund und mir ging es gut. Die gefürchteten Beschwerden wie nach der ersten Entbindung blieben aus.

Leider war die Freude und das Glück über die Geburt nur von kurzer Dauer. Die Ärzte der Gynäkologie besuchten mich zur Visite und wollten mich überzeugen, eine Sterilisation vornehmen zu lassen. Ein kleiner operativer Eingriff mit weitreichenden Folgen, Kinderwunsch gänzlich ausgeschlossen. Wie ein nasser Waschlappen mitten ins Gesicht traf mich dieser ärztliche Rat. Die Fachärzte begründeten ihren Vorschlag, mit dem großen gesundheitlichen Risiko für Mutter und Kind bei einer erneuten Schwangerschaft.

Nun hatte ich gerade entbunden und mit zwei Kindern, sollte ich mich doch zufriedengeben. Wie dankbar waren wir doch über dieses kleine Geschöpf.

Doch ich kam einfach nicht zur Ruhe und fand kein Ja zu diesem Eingriff. Zu diesem Zeitpunkt konnte ich nicht ahnen, dass unsere Tochter Christiane in nur wenigen Stunden versterben würde.

Ich ging ins Gebet und legte Gott alles hin. Nachdem ich mit ihm alles besprochen hatte, war mir ganz deutlich, dass ich den Ärzten keine Einwilligung für diese Operation geben konnte. Mit allem Nachdruck versuchten sie mich von der Notwendigkeit des Eingriffs zu überzeugen, doch ich blieb bei meiner Entscheidung. Bis heute staune ich über meinen Mut, der zunächst viel Unverständnis auslöste.

Unsere geliebte Tochter verstarb am dritten Tag nach ihrer Geburt. Morgens um fünf Uhr bekam sie Krämpfe und wurde sofort in die umliegende Kinderklinik eingewiesen. Doch es war zu spät, unser vermeintlich gesundes Kind starb an den Folgen einer schweren Hirnhautentzündung und einer Blutvergiftung. Nun saß mein behandelnder Arzt an meinem Bett und wir weinten beide über diesen großen Schmerz und den Verlust des geliebten Kindes. Immer wieder betonte der Gynäkologe, wie froh er sei, dass ich letztendlich dem Eingriff nicht zugestimmt hatte.

Gott wusste, dass unsere Tochter nur ein kurzer Gast auf dieser Erde sein sollte und er sie zu sich in die Ewigkeit holen würde. Ihre schwere Erkrankung hätte für ihr ganzes Leben weitreichende Einschränkungen bedeutet und ob sie überhaupt lebensfähig gewesen wäre, kann man nur erahnen. »Der Herr hat's gegeben, der Herr hat's genommen; der Name des Herrn sei gelobt!« Dieser Bibelvers aus Hiob 1,21 wurde für meinen Mann und mich fortan zum Trostwort. Unsere Trauer war schwer und dennoch fühlten wir uns von unserm Herrn getragen. Er ist immer noch größer. Gott macht keine Fehler.

Diese feste Zuversicht und Überzeugung ist mir und meinem Mann bis heute geblieben und hat unser gemeinsames Leben begleitet. Entgegen aller ärztlichen Prognosen, haben wir nach zwölf weiteren Monaten unseren zweiten Sohn willkommen geheißen und vier Jahre später durften wir unseren dritten Sohn in die Arme schließen, beide gesund.

Wir haben Gott vertraut und voller Dankbarkeit die Kinder angenommen. Wir sind reich gesegnet und unser Kinderwunsch wurde erfüllt. Ich bin nie wieder so krank geworden wie nach unserem ersten Kind. Nur die Kompressionsstrümpfe sind geblieben – ein kleines Übel gegenüber den Wundern, die wir erleben durften.

Ich möchte meinen Kindern und Enkeln noch erzählen,
wie groß und mächtig du bist!
Gott, deine Treue umschließt Himmel und Erde.
Du hast große Dinge getan!
Wer ist wie du?

PSALM 71,18

43 Dennoch bewährt

JOACHIM FUHRLÄNDER

Frühmorgens rief er mich an. Der Bruder von Jens. Ich lag noch im Bett. Jens war tot. Tobias hatte ihn umgebracht. Bei einem Autounfall. Jens und Tobias waren beide Auszubildende in meiner Firma. Jens war 16 Jahre alt, Tobias war 18. Tobias hatte keinen Führerschein. Zu oft war er schon mit dem Mofa betrunken gefahren und hatte Unfälle versursacht. Aber was war geschehen? Jens hatte eine sehr junge Freundin. Und sie war schwanger. Jens und Tobias hatten Whisky getrunken, eine ganze Flasche. Und jetzt kamen sie auf die Idee, dass man die Freundin dringend besuchen müsste. Mit dem Auto der Mama. Tobias holte die Schlüssel. Heimlich. Nachts waren die Straßen nahezu frei, der Weg also nicht lang. Nur 120 Kilometer. Also gar kein Problem. Auf dem Rückweg schlief Tobias ein. Unter einem LKW fing das Auto Feuer. Jens verbrannte. Tobias überlebte schwer verletzt.

Was geschieht nach solch einer Tragödie? Jens wurde beerdigt und Tobias wurde angeklagt. Viele Leben waren zerstört, das des jungen Jens, das seiner Freundin, seiner ganzen Familie. Und das Leben von Tobias war auch zerstört. Wut prasselte auf ihn nieder. Man wünschte auch ihm den Tod. Er sich selbst vielleicht auch. Dennoch – er lebt.

Dann rief ein Staatsanwalt an. »Tobias arbeitet doch bei Ihnen. Was ist er für ein Mensch? Wie sehen Sie die Sache?« Das war schwer zu sagen. »Welches Urteil wäre hier zu fällen?« Stand mir überhaupt zu, diese Frage zu beantworten?

Wir kamen überein, dass eine Gefängnisstrafe Tobias wohl auf einen sehr kritischen Weg bringen würde. Er war labil, leicht zu beeinflussen und von starken Sprüchen zu begeistern.

Er wurde der fahrlässigen Tötung schuldig gesprochen und bestraft – zu zwei Jahren Gefängnis mit fünf Jahren Bewährung. Während der Bewährungszeit musste er durchgehend bei mir arbeiten, ohne sich etwas zuschulden kommen zu lassen. Er durfte keinen Alkohol mehr trinken, musste pünktlich und zuverlässig sein, sich eben bewähren.

Es war und ist eine schwere Schuld. Dennoch hat sich Tobias bewährt und ist heute verheiratet und hat Familie. Ob er seinen Kindern irgendwann davon erzählen wird? Ob er sich selbst jemals vergeben kann? Dass er weiter bei uns arbeiten konnte, war für mich keine Frage. Solange wir selbst Gnade in Anspruch nehmen wollen, müssen wir sie auch gewähren. Egal wem. Egal wann. Egal wofür.

Herr, unser Gott,
du hast uns dein Reich verheißen,
ein Reich des Friedens und der Gerechtigkeit.
Wir bitten dich, dass dein Reich komme,
auch zu uns.

Wir bitten dich darum,
dass du uns nicht nach dem beurteilst,
was wir an Falschem getan
und an Gutem unterlassen haben.

Wir bitten dich darum,
dass du uns annimmst, wie wir sind,
dass du uns vergibst, wo wir gefehlt haben,
dass du uns wieder aufnimmst,
auch wenn wir dich verlassen haben.

Wir bitten dich darum,
dass auch wir vergeben können, wie du uns vergibst,
dass auch wir die Menschen nicht nur nach dem beurteilen,
was sie leisten, dass wir sie nicht einteilen
in Erfolgreiche und Erfolglose, in Gewinner und Verlierer.

Wir bitten dich darum,
dass wir andere sehen lernen mit deinen Augen,
mit den Augen der Liebe und des Verständnisses.

Wir bitten dich, dass wir uns öffnen und offen bleiben
für die Menschen, die zu uns kommen,
und dass wir ihnen geben, was sie brauchen.

Wir bitten dich darum,
dass wir anderen in Liebe begegnen und ihnen
Anerkennung schenken.

Herr, unser Gott,
du hast uns dein Reich verheißen,
ein Reich des Friedens und der Gerechtigkeit.
Wir bitten dich, dass dein Reich komme, auch zu uns.
Amen.

STEPHAN GOLDSCHMIDT

44 Dennoch ist Hoffnung

THEA EICHHOLZ

Weißt du eigentlich, dass deine Songs bei Spotify zu hören sind? Und weißt du, welcher am meisten gestreamt wird?«, fragt mich neulich unser jüngster Sohn, der sich just ein Premium-Abo gegönnt hat und nun der Vergangenheit meines künstlerischen Schaffens auf die Spur kommt. »Erstens, ja, weiß ich. Zweitens, nein, weiß ich nicht, welcher denn?«, frage ich dann doch neugierig, während ich eigentlich damit beschäftigt bin, nach dem Urlaub meine Mails zu checken. »Dennoch«, sagt er. »Interessant!«, erwidere ich etwas überrascht und wende mich dann wieder meiner Post zu.

Aber es geht mir nicht aus dem Kopf. Dennoch – ein großes, altes, starkes Wort, das mich immer wieder herausgefordert und in einer besonders schweren, schmerzlichen Zeit zu einem Lied, einem persönlichen Psalm inspiriert hat, als mein erster Mann Bernd-Martin Müller nach einjähriger Krebserkrankung im Oktober 2003 verstarb.

DENNOCH[*]

Du hast uns nicht verwöhnt mit Leichtigkeit,
kein roter Teppich lag für uns bereit.
Ein schwerer Kelch will erst einmal getrunken sein.
Auch Deine Kinder wandern durch das Tal,
auch ihre Feinde sind von großer Zahl.
Auch Deine Kinder hört man weinend zu Dir schrei'n:
Mein Herz, es kommt noch nicht hinterher,
Deine Wege, sie sind zu schwer für mich –
ich versteh Dich nicht!

Dennoch bleib ich stets an Dir,
ich häng an Dir,
ich bleib Dir treu, so wie Du mir.
Mein Leben lege ich in Deine Hand.
Ja, ich bleibe stets an Dir,
wie groß die Not
auch in mir sei, Du bist mein Gott!
Mein Fels, bei dem ich Ruh und Frieden fand.
Ich bleibe bei Dir – ich häng an Dir.

Sie sagen: »Hilf dir selbst, dann hilft dir Gott.«
Ich hör ihr Zweifeln, Reden, voller Spott:
»Was für ein Töpfer, der den eignen Krug zerbricht!«
Und wie die Flut niemals zu halten ist,
so reißen Schmerz und Fragen alles mit:
Was war, was ist, was kommt, wann seh' ich wieder Licht?

Mein Herz, es kommt noch nicht hinterher,
Deine Wege, sie sind zu schwer für mich –
ich versteh Dich nicht!

* Text und Musik: Thea Eichholz © 2005 Gerth Medien, Asslar

Neulich wurde ich in einem Interview gefragt, ob ich manche Texte heute so nicht mehr schreiben würde oder ob ich zu allen Aussagen noch immer stehen kann.

Ich habe nicht alle Lieder komplett vor Augen, würde aber sagen, dass ich meine Kern-Botschaften insgesamt auch heute vertreten könnte. Jedoch schaue ich aus neuer, veränderter, erweiterter Perspektive auf meine Songtexte.

Zu dem Lied *Dennoch* habe ich im Laufe der Zeit unendlich viele Zuschriften bekommen. Oftmals führt eine Mail, ein Gästebucheintrag dazu, dass ich das Lied selbst noch einmal höre, mich vertiefe, in mich horche, ob es denn noch »meins« ist. Kann ich noch zu meinen Worten stehen? Werden meine Statements inzwischen ausgehebelt von einer gnadenlosen Realität?

Es fällt uns leichter, rückblickend von überwundenen Krisen zu reden, als inmitten von Stürmen oder Wüstenwanderungen unser Vertrauen auszudrücken.

Ich lese meinen bald 20 Jahre alten Songtext und stelle fest: Er ist noch meiner. Genau so. Gerade jetzt. Denn das Dennoch ist nie vorbei. Kein Einmal-Wort, das nach Gebrauch zu entsorgen ist. Es ist wiederverwertbar, haltbar, strapazierfähig. Herausfordernd und kraftvoll. Sehnsuchtsvoll und tröstlich. Und nicht etwa aufgrund meiner großen Leistung, meiner Glaubensanstrengung, meiner Überlebenskunst oder meines großartigen Gottvertrauens. Das alles habe und bin ich nicht – da muss ich enttäuschen. Ich bin oft verzagt, kleinmütig, verzweifelt, ungläubig. Und dennoch erlebe ich – damals so wie heute – ein fast trotzig-kindliches Festhalten an der Hoffnung, dass ich gehalten bin. Egal, was über mich hereinbricht oder mich seit Jahren quält und runterziehen will. Ich bin gehalten.

Es tut gut, sich daran zu erinnern. Denn auch in den Jahren nach dem großen Verlust gab es unentwegt neue Herausforderungen. Alleinerziehend mit zwei kleinen Kindern, berufstätig, dann eine neue Liebe, Umzug in eine neue Stadt, 300 Kilometer weit weg von Freunden und Familie, Heirat (mein Mann Steffen brachte als Witwer ebenfalls zwei Kinder mit in unsere Ehe), Trauerarbeit auch als Patchworkfamilie, Krankheitszeiten, vier Kinder gleichzeitig in der Pubertät, berufliche Veränderungen, Corona.

So ringe ich auch in diesem Moment mit jenem Dennoch. Wer sind wir, wenn wir nicht mehr tun, was wir lieben und was wir immer taten? Wir sind Geliebte. Gehaltene. Beschenkte. Das ist meine Hoffnung.

Auf meinem Schreibtisch steht eine Karte von Mary Anne Rademacher, die mich daran erinnert, dass Mut nicht immer laut ist, sondern sich manchmal in der leisen Stimme zeigt, die am Abend flüstert, dass sie es morgen wieder versuchen wird. Ich könnte auch sagen: Glaube, Vertrauen strahlt nicht immer glänzend hell und farbenfroh. Manchmal ist es nur ein glimmender Docht. Die zaghafte Sehnsucht oder der müde Trotz, die uns im Dunkeln farbig malen lassen: Ja, morgen werde ich wieder die Kraft und die Liebe geschenkt bekommen für dieses Wort. Denn-noch ist Hoffnung.

45 Dennoch voller Möglichkeiten

SCHWESTER CHRISTINA KUHLMANN

Mein Dennoch öffnet den Blick auf das Wesen eines Gottes, der großzügig ist und mehr gibt, als ich mir jemals hätte vorstellen können.

Seit 30 Jahren lebe ich als Diakonisse im Diakonissenmutterhaus Hebron. Meine Berufung war eindeutig, auch wenn Menschen um mich herum diesen Weg für unpassend und nicht zeitgemäß hielten. Das Leben in der Schwesternschaft, die geistliche Gemeinschaft und die Möglichkeit, Jesus mit dem Rückhalt einer Lebensgemeinschaft zu dienen, waren für mich immer schlüssig. Es war genau der Platz, an dem Gott mich haben wollte. Wie zu jedem anderen Leben auch gehören zum Leben in Gemeinschaft Einschränkungen und klare Absprachen bzw. Regelungen.

Gott hat mir mit diesem Leben Möglichkeiten und Perspektiven eröffnet, die weit über das hinausgingen, was ich mir vorstellen konnte. Hätte mir vor 20 Jahren jemand gesagt, dass ich mit Pferden arbeiten und sogar ein eigenes Pferd besitzen würde, ich hätte es für unmöglich gehalten. Wäre jemand auf mich zugekommen mit der Idee, ich könnte Menschen in Krisensituationen und persönlichen Fragestellungen durch die Arbeit mit dem Pferd unterstützen – es wäre undenkbar gewesen.

Pferde wurden ein Thema, als ich für ein Fest auf dem Hebronberg Ponyreiten organisieren sollte. Aus einem ersten Telefonat mit der Verantwortlichen vom Reitbetrieb und den Begegnungen mit den Frauen, die dort arbeiten, sind neben der guten

Zusammenarbeit auch wertvolle Freundschaften entstanden, die inzwischen geistliche Weggemeinschaften sind.

Vorsichtig und staunend bin ich nach dem ersten Kontakt und der Idee, wir könnten gemeinsam Freizeiten anbieten, einen Schritt nach dem anderen gegangen. Die Arbeit mit dem Pferd erschloss mir eigene Potenziale. Wir verwirklichten gemeinsam Programme wie »Pony und Impuls« mit biblischen Inhalten für Kinder und »Pilgertage mit Pferd« für Erwachsene. Gott schenkte uns eine Idee nach der anderen und öffnete Türen zur Umsetzung.

Zu Anfang dachte ich: »Das ist doch nicht stimmig zu einem Leben als Diakonisse, mit all den Anforderungen, Erwartungen und Gegebenheiten.« Doch Gegenargumente lösten sich durch Gespräche, Erfahrungen und Zeichen Gottes in Wohlgefallen auf. So erschien zum Beispiel am Tag einer wesentlichen Entscheidung in diesem Bereich wie aus dem Nichts ein Regenbogen über dem Tal, in dem die Pferde stehen, und in mir wuchs das Vertrauen, dass Gott mich in dieser Entscheidung ermutigte. Gott eröffnete mir mit diesem Schritt die Möglichkeit zur intensiven Begegnung mit Menschen, die Unterstützung brauchen und auf der Suche nach Halt sind. Sie konnten vielfach Stabilisierung und Heilung erfahren.

Denn wie der Himmel die Erde überragt, so sind auch meine Wege viel höher als eure Wege und meine Gedanken als eure Gedanken.

JESAJA 55,9

Fast 20 Jahre später blicke ich staunend auf das, was Gott mir mit dieser Entscheidung eröffnet hat.

Ja, es war auch für mich ganz persönlich wichtig, diesen Schritt zu gehen, weil mir die Auszeiten mit Tieren draußen einfach guttun und zu wichtigen Bausteinen in meiner Persönlichkeitsentwicklung wurden. Und ich freue mich, andere Menschen mit dieser Arbeit wiederum bei der Entwicklung ihrer Persönlichkeit und in ihren Krisen zu unterstützen.

Das Dennoch, das Gott schon mit der Berufung und dann immer wieder in Schlüsselsituationen über mein Leben setzte, steht im Kontrast zu meinen menschlichen Begrenzungen und Denkoptionen.

46 Dennoch suche ich dich, Herr

BIRGIT ORTMÜLLER

err, ich suche dich!«, rief ich aus tiefstem Herzen und voller Verzweiflung und er ließ sich finden. Jedes Jahr im August werde ich seit nunmehr 24 Jahren an meinen Hilferuf erinnert. In diesem Monat hat unser Sohn seinen Geburtstag. Sein Lebensstart war jedoch alles andere als einfach und in meiner Not schrie ich damals zu Gott.

Die ganze Schwangerschaft war schwierig. Sie begann mit einer Ringelrötelinfektion in den ersten Wochen. Wenig später setzten Blutungen ein und durch einen Abstrich stellte man zudem noch fest, dass sich gefährliche Bakterien am Muttermund angesiedelt hatten. Ich erhielt dementsprechend viele Antibiotika. Die Tatsache, dass die Medikamente keinerlei Wirkung zeigten, war sehr ernüchternd und wenig Mut machend. Es blieb die traurige Gewissheit, sollte sich unser Kind mit den Keimen infizieren, hatte es keine Überlebenschance.

Dennoch fühlten mein Mann und ich uns getragen. Mit jeder zusätzlichen Schwangerschaftswoche wuchs die Zuversicht und es traten keine weiteren Komplikationen mehr auf. Um dem Risiko einer Ansteckung zu entgehen, wurde im Vorfeld ein Kaiserschnitt geplant. Da unser erstes Kind auch auf diesem Weg zur Welt gekommen war und ich sehr positive Erfahrungen mit diesem Eingriff verbinde, konnte ich gut mit dieser Möglichkeit leben. Ich freute mich auf den Tag der Geburt und fühlte mich sicher.

Am Tag der Einweisung in ein christliches Krankenhaus wurde mir ein Dreibettzimmer zugeteilt. In diesem Zimmer hing ein Bild mit folgendem Bibelwort aus Psalm 9,11b an der Wand: »Du verlässest nicht, die dich, Herr, suchen.«

Der Spruch fiel mir sofort ins Auge, aber gleichzeitig kam mir auch der Gedanke, dass ich wenig damit anfangen konnte. Ein Lobpreis hätte mich tatsächlich mehr angesprochen. Zu diesem Zeitpunkt ahnte ich noch nicht, welche Bedeutung dieses Wort für mich haben sollte.

Der Eingriff verlief gut, alles war wie geplant, bis unser Kind circa eine Stunde nach seiner Geburt erhebliche Atemprobleme bekam. Da viele Neugeborene nach einem Kaiserschnitt solche Schwierigkeiten haben, versuchte man zunächst seine Atmung mit zusätzlichem Sauerstoff zu stabilisieren. Aber der Zustand unseres Sohnes verschlechterte sich zusehends, sodass er als Notfall in das nächste Kinderkrankenhaus auf die Intensivstation verlegt wurde.

Aufgrund meiner Vollnarkose bekam ich die ganze Tragik um unseren Jungen nur wie durch einen Schleier hindurch mit. Ich spürte die Hektik um mich herum und vernahm lautes Stimmengewirr. Immer wieder fielen die Worte: »Ihrem Kind geht es sehr schlecht!«, doch ich konnte die ganze Aufregung nicht einordnen, zu sehr war ich noch von dem Narkosemittel benebelt. Bis ich wirklich realisierte, dass mein Baby in akuter Lebensgefahr schwebte, vergingen Stunden.

Da lag ich nun, entbunden, jedoch ohne Kind. Lediglich ein kleines Foto auf meinem Nachtisch mit unserem Sohn, der durch die vielen Schläuche verkabelt erschien, war mir geblieben. Das Kinderbettchen für mein Neugeborenes verwaist, nicht benutzt. Ich hatte nicht einmal die Möglichkeit gehabt, ihn kurz im Arm zu halten, ihn an mich zu drücken und ihm liebevoll einen Willkommenskuss zu geben, nichts. Ich lag in einem anderen Krankenhaus und ein Besuch meinerseits war undenkbar.

Rückblickend habe ich mich schon oft gefragt, wie ich diese Situation überhaupt aushalten konnte, denn auch die Ärzte wussten zunächst nicht, ob unser Sohn überleben würde. Dennoch fühlte ich mich geborgen und getragen.

Nach drei weiteren Tagen ohne Kind, fiel mein Blick immer wieder auf dieses Bibelwort. Das Bild hing genau in meinem Blickfeld, sodass ich stetig damit konfrontiert war. In mir war Verzweiflung und ich verstand die Welt nicht mehr, ich schrie innerlich laut meinen Unmut heraus: »Ich kann jetzt nicht mehr Herr, ich suche dich, hilf mir und lass dich finden!«

Direkt nach diesem Hilferuf wählte ich die Nummer der Intensivstation des Kinderkrankenhauses, stellte mich kurz am Telefon vor und erkundigte mich nach unserem Kind. Eine Schwester teilte mir freudig mit, dass unser Sohn am nächsten Vormittag zu mir verlegt werden sollte. Er hatte sich nicht mit den Keimen infiziert, seine Atemnot war tatsächlich nur eine Anpassungsstörung als Folge des Kaiserschnitts gewesen. Ich konnte es kaum glauben und war überwältigt.

Am nächsten Mittag konnte ich unseren gesunden Sohn das erste Mal sehen und in die Arme nehmen. Ein unbeschreibliches Gefühl, ein tiefer Seufzer entwich unserem Sonnenschein, als ich ihn auf die Brust legte und er meinen Herzschlag hörte. Dieses Erlebnis war so intensiv und berührend, dass die Sorgen und Schwierigkeiten der letzten Tage augenblicklich verschwanden.

Dieser für mich zunächst so unbedeutende Bibelvers sollte ein Schlüsselsatz werden, der bis heute eine große Bedeutung in meinem Leben hat. Ich durfte wirklich erleben: Wenn wir Gott von ganzem Herzen suchen, dann lässt er sich finden und verlässt uns nicht.

Die anfänglichen lebensbedrohlichen Startschwierigkeiten unseres Kindes haben keinerlei Auswirkungen auf seine Entwicklung gehabt. Heute ist er ein starker junger Mann geworden, der mich in seiner Körpergröße weit überragt. Er ist der lebende Beweis für Gottes Hilfe und Treue. Wir sind unendlich dankbar für unseren Sohn, er ist ein besonderes Geschenk von unserem Vater im Himmel, der uns dennoch getragen und begleitet hat.

Herr,
gib allen, die dich suchen,
dass sie dich finden,
und allen, die dich gefunden haben,
dass sie dich aufs Neue suchen,
bis all unser Suchen und Finden
erfüllt ist in deiner Gegenwart.

HERMANN VON BEZZEL

47 Dennoch aneinander festhalten

DR. REINER BRAUN

D em Asaf hat man in der Schule beigebracht: »Wer sich gut verhält, dem geht es gut. Wer Probleme macht, kriegt Probleme.« Doch je älter er geworden ist, desto mehr Fragezeichen hat er hinter diesen Satz gesetzt. Er hat Menschen gesehen, die gottlos leben und handeln – und von Gott überschüttet werden mit Segen in Form von Reichtum und Luxus und Gesundheit. Darauf reagieren sie auch noch mit Stolz und Arroganz. Als wäre das nicht schon dreist genug, werden sie auch noch berühmt und mit Ehrungen überhäuft. Asaf selbst aber hat sich an das gehalten, was er in der Schule gelernt hat. Er hat alles Böse gemieden. Er hat lieblosen Gedanken nicht erlaubt, in seinem Herzen Wurzeln zu schlagen. Doch er ist krank geworden. Die anderen haben ihn mit Verachtung gestraft. Arm und elend fristet er sein Leben. Fast wäre er deshalb vom Glauben abgefallen. Doch es hat ihn ins Heiligtum gezogen, in den Tempel, in die Gegenwart Gottes. Dort hat Gott ihm eine neue Perspektive gegeben, sodass er mit dem Fuß aufgestampft und gerufen hat: »Und ich bleibe an dir, denn du hältst mich!«

Das hat Martin Luther in Psalm 73 gelesen und zu übersetzen versucht. Dem aufstampfenden Fuß hat er ein Wort zugeordnet, das im Hebräischen nicht dasteht und doch den Sinn erfasst: »Dennoch bleibe ich stets an dir ...« Dieser Trotz, der sich auflehnt gegen alles Jammern und alles Jämmerliche, ist ein Geschenk.

Aber nicht immer kann ich das mitsprechen. Oft genug zerrinnt mir das Dennoch, ich kriege den Fuß nicht hoch zum

Aufstampfen. Stattdessen mache ich ein Fragezeichen nach dem anderen hinter den zweiten Teil des Satzes: »Du hältst mich!« Echt? Ist das so? Warum merke ich das nicht? Und dann führt mich Gott in sein Heiligtum, genauer gesagt auf einen Berg. Da steht ein Kreuz. An dem Kreuz hängt Jesus. Eben noch hat er gerufen: »Vater, vergib, denn sie wissen nicht, was sie tun.« Das macht mir klar, dass mir dieser Satz gilt: »Dennoch bleibe ich stets an dir.« Weil Jesus sein Leben für mich gab, bleibt Gott stets an mir dran. Gott trotzt meinem Unglauben. Er gibt mich nicht auf, wenn ich den Glauben verliere und den Mut. Er bleibt, wenn ich vor ihm weglaufe. Er liebt mich, auch wenn mein Herz ihm und meinen Mitmenschen gegenüber kalt geworden ist.

Er ist es, der mich auch ihnen gegenüber einlädt zu sagen: »Dennoch bleibe ich stets an dir.« Auch wenn du mir auf die Nerven gehst, auch wenn du mich alle Kräfte kostest, auch wenn du es mir unendlich schwermachst, dich lieb zu haben, dennoch bleibe ich stets an dir.

In unserer Ehe waren wir mal an einem Punkt, an dem wir nicht wussten, ob wir zusammenbleiben könnten. Es war alles nur anstrengend und leer. Wir gingen in einen Gottesdienst – ins Heiligtum, sozusagen, wie Asaf. Dort konnte man Kärtchen mit Bibelversen ziehen. Wir zogen gemeinsam den Vers aus 2. Mose 14,14: »Der Herr wird für euch streiten, und ihr werdet stille sein.« Der Trotz, mit dem Gott an uns beiden als Paar festgehalten hat, hat uns den Trotz gegeben, beieinander zu bleiben und Gott an uns arbeiten zu lassen. Dass wir Silberhochzeit feiern durften, war sein Geschenk an uns. Auch danach noch buchstabieren wir immer wieder neu daran herum: »Dennoch bleibe ich stets an dir.« Gott macht es uns vor! Er hält dennoch an uns fest. Gott sei Dank.

Ich werde euch tragen bis ins hohe Alter, bis ihr grau werdet.
Ich, der Herr, habe es bisher getan, und ich werde euch auch
in Zukunft tragen und retten.

JESAJA 46,4

Hoffnung ist nichts anderes
als das Vertrauen auf die Endlosigkeit der göttlichen Liebe.

CHARLES DE FOUCAULD

48 Dennoch kann ich es schaffen

CHRISTIANE DÖNGES

Ich schaffe das nie! Ich glaub', ich bin zu blöd dafür!« Ich weiß nicht, wie oft sich das mein Ehemann von mir anhören musste, als ich vor ein paar Jahren beschloss, mich beruflich zu verändern. Ich hatte bis dahin 19 Jahre als Pflegekraft in einer Seniorenresidenz gearbeitet. Davon 18 Jahre im Nachtdienst und meist am Wochenende. So hatte ich während der Woche Zeit für unsere beiden Kinder. Ich habe diese Arbeit sehr gerne gemacht, jedoch fiel mir der Nachtdienst zunehmend schwerer. Die Kinder waren nun erwachsen und ich wollte es wagen, mich trotz vieler Zweifel beruflich zu verändern.

Da ich nicht wusste, ob das mit meiner ursprünglichen Ausbildung zur Bankkauffrau (später hatte ich mich dann zur Schwesternhelferin ausbilden lassen) und mit 48 Jahren noch möglich ist, ließ ich mich beim Arbeitsamt beraten. Es war das Jahr 2015 und durch die Flüchtlingskrise wurde händeringend Personal in den entsprechenden Behörden gesucht. Nach reiflicher Überlegung entschied ich, mich dennoch zu bewerben. Ich bekam eine Zusage! Ich war froh und auch ein bisschen stolz.

Doch es dauerte nicht lange, da kamen auch schon wieder Zweifel, ob ich das überhaupt schaffe, nach 19 Jahren in der Pflege einen völlig anderen Beruf auszuüben. Einige Menschen in meinem Umfeld fanden meine Entscheidung sehr mutig. Vielleicht war es das auch. Doch gelegentlich bekam ich Angst vor meiner eigenen Courage.

Dann kamen die ersten Arbeitstage und eine Flut an Informationen schlug auf mich und alle anderen Neulinge im Amt ein. Die Einarbeitung überforderte mich und fiel aufgrund der Menge an in Deutschland eintreffenden Flüchtlingen auch viel kürzer aus als ursprünglich vorgesehen. Nach Feierabend fuhr ich oft mit dem Gefühl nach Hause, es nicht zu schaffen. Ich hatte ständig Angst, etwas falsch zu machen.

Mit dir, mein Gott, kann ich über Mauern springen.

PSALM 18,30

Ich wollte nicht aufgeben, doch waren die Zweifel sehr groß. Da ich mir manchmal so machtlos vorkam, beschloss ich, jeden dieser Tage ganz bewusst in Gottes Hand zu legen. Ich betete um Kraft und Durchhaltevermögen. Dann las ich in unserer Tageszeitung den Bibelvers des Tages, der mir jeden Tag Mut machte und mich beruhigter zur Arbeit fahren ließ. Einmal lautete er: »Lass dir nicht grauen und entsetze dich nicht, denn der Herr, dein Gott, ist mit dir in allem, was du tun wirst« (Josua 1,9). Ich schnitt ihn aus und steckte ihn in mein Portemonnaie. Dort ist er bis heute.

Wie hat Gott mir geholfen? Er hat mich nicht verzagen lassen, er hat mir jeden Tag erneut Kraft und Mut gegeben. Er hat mir sehr nette Kollegen und Vorgesetzte zur Seite gestellt, die immer hilfsbereit waren. Der Anfang war schwer, aber nach und nach wuchs ich mit dieser neuen Tätigkeit – und auch mein Selbstvertrauen. Nach ein paar Monaten fragte mich mein Chef, ob ich die Teamleitung übernehmen könnte, was mir noch einmal zeigte: Ich kann es doch!

Entgegen allen Zweifeln habe ich es dennoch geschafft – mit Gott an meiner Seite!

Durch sein Wort und seinen Geist
kann der Herr die Zitternden tapfer,
die Kranken stark
und die Niedergeschlagenen mutig machen.

CHARLES HADDON SPURGEON

---

49 Dennoch will ich ihm treu bleiben

MICHAELA PEZ

Vor ein paar Jahren wurde ich von einer lieben Freundin und damaligen Kirchenvorsteherin gefragt, ob ich mir vorstellen könne, für den nächsten Kirchenvorstand zu kandidieren. Eigentlich kam dies für mich nicht in Frage. Rechnete ich mir doch als neu zugezogene Person mit einem freikirchlichen Hintergrund keine großen Chancen aus. Doch der Gedanke ließ mich nicht los. Schon länger hatte ich mich immer wieder gefragt, wo ich Gott in der Gemeinde dienen könnte. Der sonntägliche Gottesdienst allein füllte mich nicht aus. So begann ich, Gott ganz bewusst in meine Entscheidung mit einzubeziehen und erhoffte mir Klarheit. Leider kam kein Zettel vom Himmel geflogen auf dem draufstand »Mach es!« oder »Lass es besser sein!«. Also entschied ich mich zu kandidieren und betete gleichzeitig: »Herr, wenn es dein Wille ist, dass ich im Kirchenvorstand mitarbeite, dann werde ich auch gewählt.«

Es kam der Tag der Wahlen und als die Ergebnisse verkündet wurden, war ich nicht unter den Gewählten. Die Enttäuschung war ziemlich groß und mein Ego ganz schön angekratzt. Eigentlich war das doch genau das, was ich wollte. Im Kirchenvorstand mitarbeiten und dort meine Gaben einbringen. Warum hatte Gott das jetzt zugelassen und all meine, wie ich dachte, guten Pläne umgeworfen? Ich war frustriert, zornig, resigniert und irgendwie war es mir auch peinlich. Wusste doch jeder, dass ich gerne im Kirchenvorstand mitgearbeitet hätte – und dann das. Dennoch vertraute ich Gott.

Nach einiger Zeit akzeptiere ich, dass Gottes Plan für mich anscheinend die Mitarbeit im Vorstand nicht vorgesehen hatte, und schloss Frieden mit der Sache. Einen anderen Plan schickte er mir allerdings auch nicht.

Vier Jahre später wurde ich erneut angesprochen, ob ich mir vorstellen könnte, in den Kirchenvorstand nachzurücken. Man kann sich denken, welche Verwirrung dies in mir auslöste. Ich hatte mit dem Thema eigentlich abgeschlossen. Ich haderte mit Gott und fragte immer wieder, warum ausgerechnet jetzt und nicht schon damals. Bockig dachte ich:»Nee, Gott, jetzt nicht mehr. Wenn die Leute mich damals nicht wollten, dann will ich jetzt auch nicht mehr.«

Irgendwann habe ich versucht, mir bewusst zu machen, dass vielleicht gar nicht wichtig ist, was ich will, sondern was Gott von mir will. Vielleicht waren genau die letzten vier Jahre wichtig, um mich um meine Familie zu kümmern (unsere Kinder waren damals noch klein). Vielleicht war das in dieser Zeit Gottes Plan für mich und nicht die Mitarbeit im Kirchenvorstand. Und so fand ich relativ zügig ein Ja zu der Aufgabe unter Gottes Führung. Die Mitarbeit im Kirchenvorstand entwickelte sich zu einer wunderbaren, erfüllten Zeit. Ich merke, wie viel Freude mir diese Arbeit macht und dass dies genau mein Platz ist, an dem mich Gott gebrauchen möchte.

Wenn es auch viele Umwege und Wirrungen gebraucht hat, bin ich Gott rückblickend dennoch dankbar, dass er mich so wunderbar geführt hat. Manchmal braucht es viel Geduld und Zeit, um Gottes Handeln zu akzeptieren. Gottes Pläne sind oft nicht meine Pläne und dennoch will ich ihm treu bleiben.

Hätte ich einen Gott,
den ich verstehen könnte,
ich wollte ihn nimmer für Gott halten.

MEISTER ECKHART

Jeder Weg zur Erfüllung unserer Sendung,
auch der langsame und verwirrte,
ist Segen.

PAUL GERHARDT

50 Dennoch Gottes Zusagen vertrauen

DEBORAH MANN

Das Jahr 2020 begann für viele von uns mit einer Menge Unsicherheiten, Ängsten und Fragen. Da war Corona, die Frage, wie es nach der Pandemie wohl weitergehen würde, und unzählige andere Themen, die jeden von uns beschäftigt haben. Für mich war aber vielmehr noch die Frage, wohin Gott mich nach meinem zweiten Staatsexamen führen würde. Wo würde ich eine Stelle als Lehrerin finden und wo konnte ich in seiner Berufung leben und ihm dienen? Ich sah die Deutschlandkarte vor mir und wünschte mir ein Licht, das über einem Ort aufblinkte, um mir zu zeigen, wohin die Reise gehen sollte. Oder ein ähnliches Zeichen – was aber leider nicht geschah.

So betete ich intensiv mehrere Monate lang für ein klares Signal Gottes und dass er mir doch die richtige Stelle am richtigen Ort zeigen würde. Bei intensiven Gebetsspaziergängen bekam ich von Gott den Zuspruch aus Psalm 32,8: »Ich will dich unterweisen und dir den Weg zeigen, den du gehen sollst; ich will dich mit meinen Augen leiten.« Was für eine Zusage, die so gut in meine Situation hineinpasste. Dabei sah ich Vögel auf dem Feld, die hoch in die Luft hinaufflogen, ein Zeichen von Aufbruch und Neubeginn.

Also fing ich voller Motivation und Freude an, mich zu bewerben. Ich schickte zahlreiche Bewerbungen an verschiedene Schulen in unterschiedlichen Bundesländern, keinerlei Reaktionen oder positive Rückmeldung. In einer zweiten Runde bekam ich schließlich Einladungen von fünf Schulen, die mich

161

kennenlernen wollten. Jetzt war ich mir sicher, dass Gott mir somit die richtige Stelle zeigen würde. Mitten im Lockdown startete ich mit einer lieben Freundin eine Bewerbungs-Tour durch ganz Deutschland. Die Gespräche liefen gut und ich war überzeugt: Da ist jetzt meine Stelle dabei! Auf der Heimfahrt kam dann die Ernüchterung, zuerst zwei Absagen per Mail und im Laufe der folgenden Woche weitere Absagen. Ich war verzweifelt und klagte Gott an. Was sollte ich nun tun? Alle Verfahren waren abgeschlossen und ich stand mit leeren Händen da. Immer wieder kam mir Psalm 32,8 in den Sinn, aber ich begann die Zusage anzuzweifeln.

Es vergingen etwa vier oder fünf Wochen und ich bewarb mich erneut, ohne jedoch noch wirklich auf eine Zusage zu hoffen. Im erneuten Bewerbungsverfahren ging alles schief, was nur schief gehen konnte: Bewerbungen per Mail wurden nicht zugestellt, Schulen reagierten gar nicht oder Gespräche wurden schon intern vorab geführt. Mitten in diesem Chaos rief mich ein Schulleiter an. Er hatte meine Nummer überhaupt erst gewählt, weil er in meinem damaligen Wohnort Verwandtschaft hatte. Innerhalb von 24 Stunden vereinbarten wir ein Online-Gespräch und ich unterzeichnete das Stellenangebot. Wow, das ging schnell! Dennoch halte ich an Gott fest – an seinen Zusagen, an seiner Wegführung und dass er, zu seiner Zeit, uns richtig führt und leitet. Sein Wort hat Kraft!

Natürlich kamen bald erste Zweifel, ob dies nun wirklich die richtige Entscheidung war und ob es wirklich der richtige Platz sei. Doch auch da bekam ich von Gott erneut eine Zusage. Diesmal während einer Predigt, wo es hieß: »Meine Kinder treffen die richtigen Entscheidungen im Einklang mit Gottes Wort« (vgl. Psalm 119,130 und Jesaja 54,13). Gott lässt uns als seine Töchter und Söhne mit unseren Entscheidungen, Zweifeln und

Ängsten nicht im Stich. Wir dürfen ihm unsere Zweifel hinlegen und darauf vertrauen, Gott greift dennoch ein.

INS UNGEWISSE HINEIN

Ins Ungewisse hinein
gebe Gott dir
die Gewissheit,
dass er dich
begleitet und beschützt.
Ins Ungewisse hinein
sei Gott dir
Kraft und Stärke
in allen Anfechtungen
und Zweifeln.
Ins Ungewisse hinein
bleibe Gott dir
Halt und Trost
und schenke dir
Mut und Zuversicht.

KURT RAINER KLEIN

51 Dennoch auf dem Heimweg

TIMO GARTHE

Wenn ich an mein Dennoch denke, dann kommt mir jene Nacht vor Jahren in Erinnerung, als ich über die langen Gänge und Flure im Universitätsklinikum ging. Und dann ist mir, als wäre es in diesem Augenblick, als erlebte ich alles erneut. Und ich fühle mich dabei wieder an die Wartehalle eines großen Bahnhofs erinnert.

So also ist das vor der letzten Reise, wenn es heißt, Abschied zu nehmen. Es ist wie bei der Eisenbahn: oft nicht pünktlich – und vor allem mit vielen Unannehmlichkeiten verbunden. Niemandem kommt sie gelegen, die Einfahrt des Zuges zur Ewigkeit. Wenn er dann schließlich kommt, dann geht's dem einen zu langsam und dem anderen viel zu schnell. Und es ist wie so oft auf Reisen – man schleppt viel zu viel unnötiges Lebensgepäck. Auch Sorgen und andere Lasten, die sich im Lauf der Jahre angesammelt haben.

Und dann sitzen wir da als Familie am Sterbebett meiner Mutter. Abschied tut weh. Jeder ihrer Atemzüge verwandelt sich in ein tiefes Schluchzen, das den Jammer und das Leid der vergänglichen Kreatur in sich trägt.

Aber mittendrin im nächtlichen Sterbezimmer ist auf einmal jenes zarte Dennoch: Zwischen allem Singen und Beten und zwischen all den tröstenden biblischen Verheißungen an ihrem Bett leuchtet geheimnisvoll schon ein kleiner Strahl der Ewigkeit auf – mitten an diesem Ort der Trauer und Verzweiflung. Er legt sich auf uns und andere. Ein Zimmernachbar meint zuvor: »Ach, machen Sie doch weiter. Das ist eine gute Feier. So etwas hab ich noch nie erlebt.« Eine junge Mitpatientin fängt leise an mitzusingen: »Von guten Mächten wunderbar geborgen ...« Und einige Male bleiben in der Nacht Leute vom Personal lauschend auf dem Flur stehen. »So wie bei Ihnen müsste es hier viel öfter sein!«, sagt uns einer.

Wie es sein mag, wenn mein Zug einfährt? Ich hab's nicht in der Hand. Aber was viel wichtiger ist: Er hat mich in seiner Hand, er, der auferstandene und lebendige Herr!

Er selbst wird dort Wohnung bereiten, wo ich für immer zu Hause sein darf. Und dann wird er abwischen alle Tränen, wird mich trösten, wie einen seine Mutter tröstet, und wird richten, was provisorisch und bruchstückhaft geblieben ist im Lebenshaus.

Was für ein phänomenales Dennoch, dass ich als Christ engagiert und fröhlich mit beiden Füßen mitten in dieser Welt unterwegs bin und mich zugleich im Vertrauen auf Jesus Christus jetzt schon auf die Ewigkeit freuen kann.

ZEIT

zeiger springen
sekunden verrinnen
stunden vergehen
jahre schwinden
leben endet

was bleibt
ist die zeit
die läuft und läuft
unaufhaltsam
bis
sie
endet

wenn aber nichts
nie endet
dann hänge dein leben
an den
der bleibt

FABIAN BRAND

52 Dennochs sehen – Tag für Tag

ANNE LINDNER

Als ich vor einiger Zeit gefragt wurde, ob ich zu dem Thema *Dennoch* etwas schreiben könnte, beziehungsweise, wo es in meinem Leben ein Dennoch gibt oder gab, war ich sofort begeistert von dieser Idee und sagte gleich zu. Als ich etwas länger darüber nachdachte, kamen mir einige Zweifel und meine erste Euphorie legte sich ziemlich schnell. »Was habe ich schon zu sagen?«, ging es mir durch den Kopf.

Eine Sache fiel mir ein. Vor einigen Jahren bekam ich eine Erkrankung, die mich in meiner Mobilität sehr stark einschränkte und ich dadurch nicht wusste, wie ich zu meinem Arbeitsplatz kommen sollte. Ich betete zu Gott: »Du hast mir diese Erkrankung geschickt, jetzt sorge auch dafür, dass ich zu meiner Arbeitsstelle kommen kann.« Noch in der Klinik meldeten sich einige Leute, um mir zu sagen, dass sie mich gerne mitnehmen könnten, weil meine Arbeit doch auf ihrem Weg liegen würde. Da war es also, mein Dennoch. Also hatte ich doch etwas zu sagen. Ich weiß noch, wie beeindruckt und dankbar ich damals war, dass Gott so schnell auf mein Gebet geantwortet hatte. Ich war fast schon ein wenig beschämt, weil ich das Gefühl hatte, Gott die Pistole auf die Brust gesetzt zu haben. Damals lernte ich ganz neu, Danke zu sagen und einfach Hilfe anzunehmen.

Doch schnell schlichen sich die nächsten Zweifel in meine Gedanken ein. War das schon alles, was ich zu sagen hatte? Ich, die ich schon so lange gläubig war, gab es nicht noch mehr Dennochs in meinem Leben? Wo waren meine großen Erlebnisse mit Gott? Eine gewisse Enttäuschung machte sich in mir breit und ich dachte eine Weile darüber nach.

Dabei setzte sich ein Gedanke bei mir fest. Gab es denn nicht eigentlich jeden Tag einige Dennochs, die sich in meinem Leben ereigneten? Es waren eher die kleinen Dinge, sei es in der Familie, im Beruf oder auch in der Freizeit, in denen ich Gottes Handeln und seine Führung entdecken konnte. Nicht immer gelingt es mir, Gott ohne Vorbehalte zu vertrauen, aber dennoch hält er an mir fest. Eines meiner Lieblingslieder ist *Wo ich auch stehe* von Albert Frey. Der Refrain handelt davon, dass Gott uns kennt und trotzdem liebt. Er nennt uns beim Namen, vergibt uns und richtet uns wieder auf. Ist das nicht eine ganz tolle Zusage?! Egal was ich tue oder auch lasse, Gott ist da. Egal wo ich hingehe, Gott ist schon vor mir dort. Bei all meinen schönen oder auch weniger schönen Erlebnissen darf ich wissen: Gott ist da und er hält mich in seiner Hand.

Es sind nicht die ganz großen Freuden, die am meisten zählen. Es kommt darauf an, aus den kleinen viel zu machen.

JEAN WEBSTER

Es fällt mir nicht immer leicht, Gott mein volles Vertrauen zu schenken, aber zum Glück ist er größer als meine Schwächen und hält dennoch an mir fest. Es tut mir gut, Gott alles sagen zu können, was mich bewegt und dass ich ganz ehrlich zu ihm sein kann. Ich persönlich empfinde es als großes Privileg, an Gott glauben zu dürfen und mit ihm meine Dennochs zu erleben. Auch wenn der Weg nicht immer einfach ist und es durchaus auch sehr steinige Abschnitte gibt. Manchmal erscheint mir auf diesen Wegstrecken das Dennoch sehr weit weg. Dann ist es gut, dass es Menschen in meinem Leben gibt, die mich wieder neu daran erinnern. Ich denke, es ist wichtig, sich diese

Ereignisse immer wieder neu vor Augen zu halten. Genau das konnte ich durch das Schreiben dieses Textes erleben und ich bin froh, dass ich mir meiner Dennochs wieder ganz neu bewusst geworden bin.

Glaube ist die Fähigkeit, hinter allem Gott zu sehen.

OSWALD CHAMBERS

Dank

Ich bedanke mich bei allen beteiligten Autorinnen und Autoren für die Offenheit und die Bereitschaft mitzuarbeiten. Sie alle haben mit ihrer persönlichen Dennoch-Geschichte dieses Buch sehr bereichert und Ermutigung geschenkt. Dadurch wird es so lebendig und spannend zugleich. Jeder Beitrag ist einzigartig und authentisch, denn die besten Geschichten schreibt das Leben selbst.

Hinter jedem Dennoch des Lebens steht Gott selbst. Er trägt, begleitet und verlässt uns nicht.

DENNOCH – DANKE
in den dunklen Zeiten meines Lebens,
in meiner Einsamkeit und Verlorenheit,
in meinen Zweifeln, Fragen und Ängsten,
in aller Anfechtung und Ungewissheit,
dennoch bist du da.
Danke – Dennoch.

Quellenverzeichnis

Wir bitten um Kontaktaufnahme zur Neukirchener Verlagsgesellschaft, sollten Rechte nicht oder nicht ausreichend angegeben sein.

Bibelstellen sind, soweit nicht anders angegeben, entnommen aus:
Die Bibelstellen sind der Übersetzung Hoffnung für alle® entnommen, Copyright © 1983, 1996, 2002 by Biblica Inc.®. Verwendet mit freundlicher Genehmigung von 'fontis - Brunnen Basel. Alle weiteren Rechte weltweit vorbehalten.

Abweichende Übersetzungen:
S. 9, 21 f., 29, 31, 52, 60, 71 f., 111, 131 f., 137, 149, 152 f., 155, 161: Lutherbibel, revidiert 2017, © 2016 Deutsche Bibelgesellschaft, Stuttgart.
S. 52: Lutherbibel, revidierte Fassung 1912 Edition. © 1999, 2018 Deutsche Bibelgesellschaft, Stuttgart.
S. 106: Neue evangelistische Übersetzung (NeÜ). © 2020 by Karl-Heinz Vanheiden (www.derbibelvertrauen.de).
S. 98: Einheitsübersetzung der Heiligen Schrift. © 1980 Katholische Bibelanstalt GmbH, Stuttgart.
S. 26: Eigene Übersetzung.

S. 113: Fabian Brand, Sehnsucht, Sinn und Stille Nacht. 24 Mal Hoffnung im Advent. © 2018 Neukirchener Verlagsgesellschaft mbH, Neukirchen-Vluyn, S. 25.

S. 166: Ders., zeit, in: Mit Gott auf der Insel. Kleine Auszeiten für alle, die das Meer lieben. © 2019 Neukirchener Verlagsgesellschaft mbH, Neukirchen-Vluyn, S. 86.

S. 84 f.: Christina Brudereck: Trotz-Gebet, in: Worte meines Herzens. Gebete für Frauen. © 2015 Neukirchener Verlagsgesellschaft mbH, Neukirchen-Vluyn, 4. Auflage 2021, S. 124 f.

S. 134: Hanna Buiting, 28. Dezember – Weitergehen, in: Möge die Nacht mit dir sein. Geschichten, Gedanken und Gebete für alle Nächte. Ein Jahresbegleiter. © 2020 Neukirchener Verlagsgesellschaft mbH, Neukirchen-Vluyn, S. 235.

S. 16: Stephan Goldschmidt, Meditation, in: Denn du bist unser Gott. Gebete, Texte und Impulse für die Gottesdienste des Kirchenjahres. © 2018 Neukirchener Verlagsgesellschaft mbH, Neukirchen-Vluyn, 2. Auflage 2019, S. 225 f.

S. 91: Ders., Meditation zu Psalm 85, in: ebd., S. 329 f.

S. 139 f.: Ders., Fürbitten, in: ebd., S. 101 f.

S. 94: Kurt Rainer Klein, Es geht, in: Berühre uns, Herr, sanft mit deinem Wort. Gebete und Texte für Gottesdienst und Andacht. © 2019 Neukirchener Verlagsgesellschaft mbH, Neukirchen-Vluyn, S. 136.

S. 124: Ders., Wagnisbereitschaft, in: ebd., S. 92.

S. 163: Ders., Ins Ungewisse hinein, in: ebd., S. 106.

S. 30: Sabine Kley, Wie ein nasser Sack, in: Zwischen Huhn und Himmel. Weisheiten, die ich meinen gefiederten Freunden verdanke. Mit Illustrationen von Anika Beer. © 2013 Neukirchener Verlagsgesellschaft mbH, Neukirchen-Vluyn, 3. Auflage 2019 (Taschenbuchausgabe), S. 11 f.

S. 88: Ebd., S. 122 f.

S. 19: Natalie Meyer, Wenn das Leben mir Zitronen schenkt.